道徳科授業サポートBOOKS

4つの視点でうまくいく！
考え、議論する道徳に変える
教材研究の実践プラン

石丸憲一 著

明治図書

はじめに

　本書を執筆をしていた2017年10月は，道徳の時間が小学校で道徳科として
リニューアルオープンされる2018年4月まで残り半年，中学校では1年半と
いうタイミングでした。学習指導要領の一部改正により道徳科が学習指導要
領に示されたのが2015年3月ですから既に2年半が経過しています。この間
に学校現場の道徳の授業がどのように変わったかといえば，ほとんど変わっ
ていないのが現状です。正確に言えば，小学校はこれから変えようとしてい
るところであり，中学校は準備をしているというところでしょうか。

　おそらく，このままでいくと小学校も中学校も授業を変えることには間に
合いません。なぜでしょうか。どこをどう変えていいのかよくわからないか
らです。具体的に言えば，授業のどこを変えればよいかが新学習指導要領を
目の当たりにしても見えてこないのです。このことは私の中では想定してい
たことでした。そこで，それをふまえて2015年3月に学習指導要領に道徳科
が位置づけられて以来，多くの小中学校でどのように道徳の授業を変えたら
よいかを提案し続けてきました。

　変えていくことの中心は当然ながら「考え，議論する」という部分です。
このことは，学校現場では合い言葉のようになっていますが，同時に聞こえ
てくるのは，「どうしたら考え，議論する授業ができるのか」ということで
す。このような状況が現実であることを改めて認識するとき，学校現場で先
生方がどのように教材研究をし，授業を計画したらよいかを，具体的な段階
を示すことなしに先には進めないと考えました。そして，考え，議論する道
徳科授業を実現するための教材研究の仕方を明示する本を出版することが私
に与えられた仕事だと考えました。

　以上の動機によって本書は世に出ることになりました。ですから，これま
での道徳の時間で授業がうまくいかなかった理由を明らかにし，その課題を
解決することを私自身のミッションとし，本書においてはより具体的になる
よう極力，実際に使われる教材をモデルとして教材研究の過程を示しました。

具体的な教材研究の過程を挙げると次のようになります。

1. 道徳科の授業は何を育てるのかを明確に持つ
2. 内容項目と他の道徳的価値との関係を捉える
3. 本音・建前を予測して道徳的実態を捉える
4. 優れた課題と「主体的・対話的」活動を結びつける
5. 評価できる授業かどうかを考える

本書ではこのうちの2の内容項目と他の道徳的価値との関係を捉えることと，3の本音・建前を予測して道徳的実態を捉えることを特に強調しています。読者の皆さんは，これまでにこのようなアプローチの仕方で道徳の教材研究をしてきた例をほとんど目にしたことはないと思います。しかし，私はこの二つのアプローチの仕方こそ，教材だけでなく教材研究を可視化する方法だと考えています。これまでは授業のうまい人だけが意識せずに行っていたことを，本書で明らかにできることを示しました。

本書で提案したことを，ぜひ，しばらく続けてみてください。残念ながら，本を読んだだけで，あるいは1回か2回試してみただけで教材研究がうまくできるようになったり，授業の腕が上がるような方法論は存在しません。それは，本書においても同じです。ここで提案する教材研究の方法に慣れることで，徐々に教材がよく見えるようになってくるはずです。そして，道徳の授業をすることが楽しくなってくるはずです。

A・B・C・Dの視点ごとに，また，小学校低学年・中学年・高学年・中学校と計16の教材研究の実際と実践プランを提案したことも，明日の授業にすぐに役立ててほしいということと共に，多くの教材研究の実例に触れることで教材研究の技術を身につけてほしいという願いからのものです。本書が，道徳科の授業で児童・生徒の道徳性を養うことに少しでも寄与することを心から願っています。

2018年2月

石丸憲一

CONTENTS

はじめに　2

第1章

考え，議論する
道徳の教材研究4つの視点

1　考え，議論する授業にするための教材研究のポイント

1　なぜ，道徳教育をするのか ……………………………………… 9

2　道徳性とは何か …………………………………………………… 10

3　どのように道徳性を養うか ……………………………………… 11

2　視点1　教材と道徳的価値（内容項目）の関係を捉える

1　教材が含んでいる道徳的価値はひとつではない …………… 15

2　「走れメロス」にはどのような道徳的価値が含まれるか …… 16

3　教材に表れる道徳的価値を相関図に表そう ………………… 18

4　「フィンガーボール」を例に考える ………………………… 20

5　「フィンガーボール」に含まれる道徳的価値を抽出する … 20

6　道徳的価値どうしの関係を考える …………………………… 21

7　「フィンガーボール」における道徳的価値の相関図 ……… 21

8　「フィンガーボール」の道徳的価値ポイントは …………… 23

3　視点2　児童・生徒と教材の関係（建前と本音）を
　　　明らかにする

1　道徳的実態とは …………………………………………………… 25

2 道徳的実態は建前と本音とで捉える ⸺⸺⸺⸺ 26

3 建前とは何か ⸺⸺⸺⸺⸺⸺⸺⸺⸺⸺⸺⸺ 27

4 本音とは何か ⸺⸺⸺⸺⸺⸺⸺⸺⸺⸺⸺⸺ 29

5 「本音」を出し合えばそれでよいか ⸺⸺⸺⸺⸺ 30

6 道徳科授業の目指すところと建前，本音 ⸺⸺⸺ 31

7 教材「フィンガーボール」で建前と本音を考えよう ⸺ 32

8 道徳的実態を生かして３段階で学習過程を考えよう ⸺ 34

4 （視点 3） 優れた課題（発問）と授業展開を考える

1 課題をつくる ⸺⸺⸺⸺⸺⸺⸺⸺⸺⸺⸺⸺ 35

2 「フィンガーボール」，石丸だったら，こう授業する ⸺ 36

3 主体的・対話的で深い学びと考え，議論する授業 ⸺ 37

5 （視点 4） 評価を前提として授業を組み立てる

1 道徳科において「深い学び」であること ⸺⸺⸺ 41

2 データを生かした評価をする ⸺⸺⸺⸺⸺⸺⸺ 42

第2章
４つの視点でできる！小・中学校定番教材の教材研究実践プラン

A　主として自分自身に関すること

⸺⸺⸺⸺ 46

1 小学校低学年 **「ありがとう，りょうたさん」**［個性の伸長］⸺ 48

2 小学校中学年 **「よわむし太郎」**［希望と勇気］⸺⸺ 54

3 小学校高学年「**手品師**」［正直，誠実］ ——————— 60

4 中学校「**ネット将棋**」［自律］ ———————————— 66

B 主として人との関わりに関すること

—————— 72

1 小学校低学年「**こんなときなんていうの**」［礼儀］ ——— 74

2 小学校中学年「**心と心のあく手**」［親切，思いやり］ —— 80

3 小学校高学年「**すれちがい**」［相互理解，寛容］ ——— 86

4 中学校「**カーテンの向こう**」［思いやり］ —————— 92

C 主として集団や社会との関わりに関すること

—————— 98

1 小学校低学年「**むかしあそび**」［伝統と文化の尊重］ — 100

2 小学校中学年「**雨のバスていりゅう所で**」［規則の尊重］ — 106

3 小学校高学年「**星野君の二るい打**」［集団生活の充実］ — 112

4 中学校「**クリームパン**」［勤労］ ———————— 118

D 主として生命や自然,崇高なものとの関わりに関すること

—————— 124

1 小学校低学年「**弟のたんじょう**」［生命の尊さ］ —— 126

2 小学校中学年「**ハチドリのひとしずく**」［自然愛護］ — 132

3 小学校高学年「**青の洞門**」［感動，畏敬の念］ —— 138

4 中学校「**二人の弟子**」［よりよく生きる喜び］ —— 144

おわりに　150

第1章

考え，議論する道徳の教材研究4つの視点

　第1章では，これまでブラックボックスだった道徳科の教材研究について，4つの視点から具体的な教材を示しながら明らかにしています。特に，第2，第3の視点については，これまでにない「そうだったのか！」と思われるような視点になるはずです。

1 考え，議論する授業にするための教材研究のポイント

Point!

なぜ道徳教育，道徳科の授業をするのか，考えを持とう！

　2017年版の学習指導要領では，各教科等の「見方・考え方」が強調されている。例えば，国語では，言語を使って理解したり表現したりすることのよさやそれをどう使っていけばよいか，算数・数学では，事象を数理的に捉えて，どう処理していけばよいかについて，児童・生徒が意識しながら学びを進めるようになっている。このことは，児童・生徒にその重要性を教えると言ってはいるが，むしろそれ以上に教師の認識を促すものであると言える。つまり，これまでに行ってきた教育において身につけさせることができなかったことの多さと，これから先の社会において身につけさせていかなければないことの多さに気づいたということである。そして，その実現のためには，「教えられ」ているのでは到底間に合わず，児童・生徒自らが「学ぶ」姿勢をつくらなければならないという学習観の転換が学習指導要領でも目に見える形で表れてきたと言えるだろう。

　児童・生徒に「見方・考え方」の形成を促すのなら，教師はそれを持っていて当然なのだが，これまでの学習指導では，「何のために」各教科等の授業をしているのかわからなくなっているような実態もあった。教科の目標→単元の目標→本時の目標というように，本時の授業は教科目標の一部であり，それが目に見えるように相似形のものとして示されていなければならなかったのだが，授業半ばで目標を見失ってしまうような授業が少なくなかった。何のために国語の，算数・数学の，道徳の授業をするのかを，一人一人の教師がしっかりと捉え，それぞれの教科の教科観を持っていることが重要である。

ここでは，何のためにどのように道徳科の授業をするかを，次に示す2017年版の学習指導要領の道徳科の「目標」を手がかりに考えていく。

第1章総則の第1の2の(2)に示す道徳教育の目標に基づき，よりよく生きるための基盤となる道徳性を養うため，道徳的諸価値についての理解を基に，自己を見つめ，物事を（広い視野から）多面的・多角的に考え，自己（人間として）の生き方についての考えを深める学習を通して，道徳的な判断力，心情，実践意欲と態度を育てる。

＊括弧書きは中学校版

---

1 なぜ，道徳教育をするのか

　道徳教育の枠組みが「道徳の時間」から「道徳科」に変更になり，小学校では2018年度から，中学校では2019年度からその枠組みに基づいた学習指導要領が完全実施される。枠組みが変わるので，授業の仕方などは変えていかなければならないが，道徳教育の役割や目指すところ，目標など「道徳教育とは何か」に基づく部分に当然ながら変更はない。私たちを取り巻く国，社会などに劇的な変化がないからである。ただし，もちろん緩やかな変化はあり，それが枠組みの変更の理由になっていることは確かである。いじめ等の教育課題の解決に期待されている部分などがそれに当たる。

　これまでも，そして，これからも道徳教育を学校教育の中で行っていくことは当然のように考えがちだが，そもそも，私たちは，なぜ道徳教育をしているのだろう。道徳教育が目指しているのは何か。あるいは，何のために道徳教育，道徳科の授業をするのだろう？　私は，道徳の研修会に伺ったときには，まず，この問いを先生方に質問させていただくようにしている。先生方からの答えは次のように大きく三つに分けられる。

・人として生きていくために必要な資質を身につける。

第1章　考え，議論する道徳の教材研究4つの視点

・社会や国の役に立つ人になるようにする。
・よりよく生きるための基礎を育てる。

　先生方の答えは，外向きのものや内向きのもの，それらを包括するものに分類できる。このことは，道徳教育が目指すところが，人間としての本質に関わる部分にもあり，国や社会の一員として求められている部分にもあることを示している。そう考えると，学習指導要領の「内容」のA・B・C・Dの視点を，納得できるものであると考えることができるだろう。

　この内に向く心，外に向く心をまとめて一言で言えば，「道徳性」ということになる。学習指導要領（総則）では，道徳教育の目指すところである目標を「道徳性を養う」ことと位置づけている。他の教科のように，言語の力を身につけるとか数字を操作する力を身につけるといった目標は，「できる」「できない」によって目に見え，具体化することができる。しかし，「道徳性」を形として目で見ることは難しい。

2 　道徳性とは何か

　では，道徳性とは一体どのようなものか？
　学習指導要領に示されている内容項目（道徳的価値）の一つ一つが道徳性を形づくるものだということもできる。ただし，それぞれの内容項目は統合された道徳性を私たちの知識や経験に基づいて表面に表れる部分をばらばらにしたもので，おそらく，それらをジグソーパズルのように一つにまとめても一個人の道徳性にならない。私たちは，よりよい学習効果を考えてばらばらなパーツである内容項目の一つ一つに絞って授業で扱っているが，それらの学びは，児童・生徒の中で一つにまとめることが必要である。その児童・生徒の統合された道徳性が，日常生活の児童・生徒の言動の中にいかに表れているのかを見取ることが，今後の子供理解の課題の一つと言えるだろう。

　道徳性をコンテンツではなく，一つの道徳的言動に向かう心のあり様の面から考えると，学習指導要領（特別の教科　道徳「目標」）がわかりやすい。

> 道徳教育の目標に基づき，よりよく生きるための基盤となる道徳性を養うため…（中略）…道徳的な判断力，心情，実践意欲と態度を育てる。

　道徳性の育成につながるものとして，「道徳的な判断力」や「（道徳的）心情」，「実践意欲と態度」を挙げている。例えば，泣いている小さな子を見たときのことを考えてみよう。まず，ほとんどの人が「かわいそうだな」「何か困ったことでもあったのかな」と思うだろう。これが道徳的心情である。物事により心を揺り動かされれなければ，次につながらないのであり，道徳的心情に訴えられるかどうかは，道徳性を語る上で重要な要素である。その後，どうしたらよいかを考え，声をかけてあげた方がよいかを考える。何歳ぐらいか，お母さんは近くにいないか，けがなどしていないかなどの様子によって，声をかけるかどうか決める。これが道徳的判断である。しかし，声をかけてあげた方がいいと思っても，実際に声をかけるには勇気が必要だ。してあげたい，しなければという道徳的判断に基づく決定事項を行動に移そうと自身に呼びかける意欲や態度である。

　このように，物事や出来事に接したときに，感じ，考え，行動したいという気持ちを持つ一連の心のあり様もまた道徳性を形づくるものと考えてよいだろう。

3　どのように道徳性を養うか

　では，どのようにしたら道徳性を養うことができるか？　また，どのように道徳性を養ったらよいか？　このことを考えることは，授業をどうつくっていくかに直結する。

　教科等の本質や目標に沿って授業づくりを考えることができれば，授業の行方を見誤ったり迷ったりすることも少なくなる。これまでの道徳の時間の授業が不十分だったとすれば，なぜ道徳の授業をするかということに基づいて授業づくりがされず，「この資料をどう教えるか」，「導入→展開前段→展

第1章　考え，議論する道徳の教材研究4つの視点

開後段→終末というお決まりの方程式にどう発問という数値を代入するか」を満たすための授業づくりがされていたことによると言ってよいだろう。

　では，どのような考え方に基づいて道徳科の授業づくりをしたらよいだろう。挨拶を例に挙げて述べる。挨拶は，道徳科の学びの中でも［礼儀］で扱われる道徳的価値に大きな関わりのある行為である。よい挨拶ができる人は，礼儀正しい人であると見られるし，そうでなければそれなりの人と評価されてしまう。であれば，誰もが挨拶はするものだと考えているかといえば，そうでもない。小学校に上がる前の子供の中には，挨拶をすることがよいことだということを知らない子供もいる。だから，幼稚園や小学校では積極的に挨拶するように仕向けたり，挨拶することはよいことだという話をしたりもする。挨拶することがよいことだと児童・生徒に知らせたり，気づかせたりすることは大事なことなのである。

　このように挨拶をすることがよいことだと知っても，全ての子供が積極的に挨拶できるようになるわけではない。その表れは，内気な性格か，積極的な性格かによっても異なるし，家庭での躾によっても異なる。徐々に挨拶ができるようになっていくのだが，その動機も多様で，挨拶しないと親や教師に叱られるから，褒めてもらえるから，相手が喜んでくれるから，挨拶すると気持ちがよいからといろいろである。もちろん，叱られないように挨拶するのと，自他共にすがすがしい気分になるからするのとでは，動機づけの質が異なる。叱られないように挨拶している子供は，叱る人の存在のない大人になったら，挨拶しない人になることもあるだろう。そのようなことをふまえて，児童・生徒に考えさせたいのは，自分はなぜ挨拶をするのだろうということであり，また，友達はなぜ挨拶をするのだろうということである。そこで，子供たちは，自分と友達との考え方の違いや多様な価値観に触れることになる。そして，自分はどういう人になりたいか，なっていったらよいかを考えながら自分を見つめ直すのである。

　このような挨拶を巡る省察の流れを授業に当てはめて考えるなら，まず内容項目を形づくる道徳的価値が存在すること，その内容（意味），そして，

必要性について理解するような学習活動が位置づけられなければならない。私は，この段階の学びを〈わかる〉段階として押さえている。学級の児童・生徒の実態として，道徳的価値の理解については十分であるような場合には，ごく簡単に触れるだけの場合もあるかもしれないし，逆に，この段階に十分時間をかけなければならない場合もあり得る。扱いは軽重あるかもしれないが，いずれにしても〈わかる〉段階をスキップして，次の段階に進めることはできない。

　次に，〈わかる〉段階をふまえ，教材中の人物をきっかけに考えたり，友達の考えを聞いたりと意見を交流する中で自分について，あるいは自分の持っていない価値観について考えを及ばせるようになっていく。私は，この段階を〈つなぐ〉段階と呼んでいる。〈つなぐ〉とは，教材中の人物と人物，人物と自分，また友達と友達，友達と自分，今の自分と過去の自分，今の自分と将来の自分など他者との関わりの中で，様々な価値観に触れ，自分の考え方を見つめ直す機会である。そう考えると，道徳科の授業，とりわけ考え，議論することが求められているのであれば，授業の中で〈つなぐ〉段階を充実させることが重要な鍵となると言えるだろう。授業の中で児童・生徒を評価し，授業を評価する上での視点となる「深い学び」となっているかということについても，この〈つなぐ〉ことがしっかりと行われているかどうかがポイントになる。

　〈つなぐ〉ことが十分に行われることで，児童・生徒は問題を自分事として捉えるようになり，将来の自分に向いていく。そして，実践化に向けた意欲＝「実践意欲」につなげていく。私は，この段階を〈生かす〉段階と呼んでいる。

　2008年版の学習指導要領までは，「実践力を育成するものとする」とされていたものが，「実践意欲と態度を育てる」となったことの意義は大きい。「実践力」はいわば結果であり，「実践意欲」はプロセスであると言える。結果を求めれば，結果よければ全てよしということにもなりかねず，行動の動機の質に目が行かなくなる可能性がある。授業が終わった時点で，どうすれ

第1章　考え，議論する道徳の教材研究4つの視点　13

ばよいか頭でわかっている状態と，心でしっかりと受け止めてそういう自分でありたいと思っているがあと一歩が出ない状態のどちらをよしとするかということである。道徳の授業における〈生かす〉とは，とにかく行動に移せるようにすることではなく，そうしてみたい気持ちになるようにすることであると考えれば，教師も児童・生徒も心に余裕を持って授業に臨むことができるだろう。

　このように，〈わかる〉→〈つなぐ〉→〈生かす〉という3段階で授業を構成することは，児童・生徒の道徳的思考力に沿ったものであると言える。そして，この授業過程は，「目標」の「道徳的諸価値についての理解を基に，自己を見つめ，物事を多面的・多角的に考え，自己の生き方についての考えを深める学習を通して」という部分にも見出せる。

「道徳的諸価値についての理解」……〈わかる〉
「自己を見つめ，物事を多面的・多角的に考え」る……〈つなぐ〉
「自己の生き方についての考えを深める」……〈生かす〉

　これまでの道徳の授業では，一つ一つの学習活動が何のための学習か，今児童・生徒はどの位置にいるのかが見えない状態で展開されていた。また，考え，議論することがあまりできていなかったのだとしたら，〈わかる〉から〈生かす〉へ，理解から行動へと，〈つなぐ〉部分をスキップしてしまっていたのかもしれない。

　しかし，児童・生徒がどのような状態がわかり，次に考えさせればよいことが見えるようになれば，授業は確実によい方向へと変わっていくだろう。とりわけ，〈つなぐ〉部分にしっかりと時間をかけることができ，充実した議論をすることができるようになることが授業改善に結びつく。授業改善のポイントは，児童・生徒の頭と心に汗をかくほど考えさせることなのである。

2 視点1 教材と道徳的価値（内容項目）の関係を捉える

視点1

内容項目と他の道徳的価値との関係を捉えよう！

「1考え，議論する道徳科授業の教材研究のためのポイント」が，それぞれの先生が道徳教育観をしっかりと持ってくださいという恒常的なものであったので，1時間1時間の授業に備えての視点は，実質的にここからになる。

1 教材が含んでいる道徳的価値はひとつではない

道徳の授業づくり，あるいは授業研究のスタートはどこだろう？　教材（これまでの「資料」）を読み，どういう発問をすれば内容項目についてより考えられるかを検討することからスタートすることが多いだろう。あるいは，教材選定から始めるとしても，この教材はこの内容項目で扱うことができると考えれば，発問の作成に取りかかる。道徳の授業は「内容項目ありき」である。年間計画で内容項目の配列を決めておいて，それぞれの内容項目を追究するのにふさわしい教材を配置していく。教材が先にあるのではないから，この内容項目にはこの教材は不向きだと考えるならば，教材を変更することも検討すべきである。

しかし，実際のところは教科書の教材名の右上に教材のテーマが書かれており，ここに書かれているテーマ＝内容項目に絞って発問や展開を考えていけば間違いないと思って授業されている。そうして進められる授業の行方は，徹底的にその内容項目に絞って追い込んでいく誘導型か，あらぬ方向，つまり他の道徳的価値について考えることになってしまう放浪型になることも少なくない。実践をしている先生方はご承知のことと思うが，教材には様々な道徳的価値が含まれているのである。

第1章　考え，議論する道徳の教材研究4つの視点　15

もともと，道徳的価値というのは私たちの心の中にいろいろな種類のものがあるのではなく，心の表れや見え方にいろいろな種類があるのである。思いやりと礼儀は別々にあるのではなく，人に対する思いやりの心があるから礼儀として表れるのである。さらに，相手の思いやりや礼儀の心を感じるところに感謝の気持ちが生ずるといった具合である。そうした心の一部を切り取ってしまって，「はい，思いやりのある行動をしましょう」，「礼儀は大切ですね」という授業をしても，授業のための道徳と感じられて，自分事とすることは難しいのである。他の道徳的価値との関係の中で捉えていかなければならないものは，そう仕向けて考えさせていくべきである。

2 「走れメロス」にはどのような道徳的価値が含まれるか

　太宰治の小説「走れメロス」は，中学校の国語の教材としてだけでなく，道徳の教材とされることもある。「走れメロス」にはどんな道徳的価値（プラスもマイナスも）が含まれているだろう？　学習指導要領の「内容」のA・B・C・D四つの視点ごとに関わりのありそうな道徳的価値を挙げてみる。

A （善悪の判断，正直，誠実，希望と勇気）
B （思いやり，礼儀，友情，信頼，相互理解）
C （規則の尊重，社会正義，国を愛する態度）
D （生命の尊さ，感動，よりよく生きる喜び）

　この教材で内容項目として設定される道徳的価値は，多くの場合［友情，信頼］であるが，その他にも多くの道徳的価値との関わりが見られる。［勇気］や［正義］，［感動］などはわかりやすいだろう。メロスは勇気のある男であるし，正義感も強い。そして，物語の結末では，読者は大きな感動を得ることができる。［善悪の判断］や［規則の尊重］については，現代の感覚からすればメロスは正しいことをしていると言えるが，暴君とはいえ王が全

てのことについて規準を定めることが正しいとされている社会においてはどうなのか議論の分かれるところだろう。

　マイナス面について見るとすれば，［礼儀］である。英雄も礼儀正しくはなかったようである。「路行く人を押しのけ，跳ねとばし，メロスは黒い風のように走った。野原で酒宴の，その宴席のまっただ中を駈け抜け，酒宴の人たちを仰天させ，犬を蹴とばし……」（『太宰治全集３』ちくま文庫）という行いは，非常時だとしても礼儀正しいとは言いがたい。文学的に分析するなら，当然オーバーな表現ではあるが，読み手は意外とこの描写を気にすることなく読み進めているようである。それは，ほとんどの読者がメロスに一刻も早く城に着き，正義であることの強さを証明してほしいと思っていることによる，見えない力が働くのである。

　このことは，中心となる道徳的価値であり内容項目である［友情］について考えるとき，関わりの少ない道徳的価値である［礼儀］や［国を愛する態度］などはあえて触れなくてもよいということを示している。要は，［友情］について考えるときに，関わりの大きい道徳的価値との関係をしっかりと捉えればよいということである。つまり，「走れメロス」において［友情］について考えるとするならば，［友情］と関係する［誠実］や［正義］との関係を考えることで，［友情］とは何かが少しずつはっきりするようになる。メロスの［誠実］さを支えたのは，［友情］だったのか，それとも［正義］感だったのか。皆さんにも，ぜひ考えていただきたい。

　このように，一つの道徳的価値（内容項目）で中心的な人物を取り巻く状況が成立しているのではない。人物及び人物の周りでは，複数の道徳的価値が絡み合って一つの状況をつくり上げているのである。したがって，一つの道徳的価値に絞って考えたところで，解決しない。複数ある道徳的価値の関係の中で，何をどう考えたら設定された内容項目について深めることができるかを考えなければならない。

第1章　考え，議論する道徳の教材研究４つの視点　17

3 教材に表れる道徳的価値を相関図に表そう

このように，一つの教材にはいくつもの道徳的価値が含まれていて，それらの関係を把握して授業を組み立てていくことが，授業中に路頭に迷うことを防ぎ，しっかりと考え，議論する授業をつくっていくことにつながる。

どのようにして道徳的価値どうしの関係を捉えていくかといえば，学習指導要領や内容項目の一覧表などから，関係あるものを取り出してみるだけでもよいが，相関図に表してみることをお薦めする。できれば，マグネットシートを利用し，内容項目カードを作成し，ホワイトボード等に貼りつけて，移動させながら考えていくとよい。

次に，道徳的価値どうしの関係を考えていく。関係には，次のようなものが考えられる。

・強く関係している

内容項目にあたる道徳的価値が他の道徳的価値を支えていたり，逆に支えられていたりすることは多い。例えば，「人との関わりに関する」Bの視点に位置づけられている［感謝］や［礼儀］，［友情，信頼］，［相互理解，寛容］は，いずれも同じ視点の［思いやり］を前提にしていたり，相手の［思いやり］を受け止めることによるものとなっていたりする。［思いやり］のない［相互理解］は成立しないが，［思いやり］ばかりを追ってしまって結局［相互理解］に行き着かなかったというようなこともある。したがって，特に同じ視点の道徳的価値どうしが関わり合う場合は，しっかりと整理しておくことが必要となる。

・関係している，似ている

強い関係とまではいかないが，意識しておく必要のある道徳的価値の関係である。例えば，［節度，節制］は自由を与えられている範囲で，自分はどう行動したらよいかを考えるという点で，［自由と責任］と似ている。似てはいるが，［自由と責任］の方が自立的であり，［節度，節制］の方が自律的であると言えるだろう。その辺りの微妙な違いを理解できるようになると，

教材と内容項目が深いところでつながり合うのである。

・対立，背反している

「あちらを立てればこちらが立たず」というような道徳的価値の関係である。例えば，［友情］を取るか［公共の精神］を取るかなど，選択を迫られる場面について考えることは少なくない。葛藤を意図的につくり上げ議論させる方法などは，この対立関係にある道徳的価値の関係を利用したものと言えるだろう。あらかじめ，対立の構図が見えていれば，そういった授業を構想することもできるのである。ただし，一見対立している，あるいは表面上は対立しているように見える場合でも，実はそうでないこともある。児童・生徒にとってそれを理解することは容易ではないが，教材研究の段階で図示しておくことによって表面上の関係と本質的な関係が見えていれば，適切な学習活動を設定することも可能となる。

・関係あるように思うが，関係が不明である

何となく関係あるような気がするが，教材研究をし始めたときには，見えてこないこともある。その段階では「わからない」ことをはっきりさせておくことが大切である。「関係がない」のと「わからないから保留にしておく」のとは異なる。教材研究を続けていくうちに見えてくることもある。そのときに更新すればよいのである。何にでも言えることだが，更新できる環境を用意しておくことで，固定観念から解放されて考えが柔軟になる。

以上のような関係をつかんだら，それを相関図としてまとめていく。右に示したような記号を使って，道徳的価値をつないでいくのである。もちろん，項目や記号は工夫して自分なりのものをつくっていただきたい。また，一度で本質に迫るような相関図ができるわけでなく，何度か見直す中で，更新し，よりよいものを目指すことで，児童・生徒が納得して考え，議論することにつながるのである。

（相関図の記号例）	
強い関係	＝＝
関係あり（似ている）	──
対立，背反	←→
関係不明	---?---

第1章　考え，議論する道徳の教材研究4つの視点　　19

4 「フィンガーボール」を例に考える

　教材から道徳的価値を抽出し，関係を相関図に表す過程を「フィンガーボール」という教材を例に示す。「フィンガーボール」のあらすじは，以下のとおりである。

　ある国で，外国からのお客様があり，歓迎のために女王がパーティを開くことになった。女王は，豪華なご馳走や楽しい会話でお客様を心からもてなしていた。お客様もパーティを楽しんでいたが，とても緊張しているようでもあった。

　パーティも終わりに近くなった頃，水の入ったフィンガーボールがそれぞれのテーブルに置かれた。この水は，デザートのフルーツを食べて汚れた手を洗うための水である。しかし，お客様は何を思ったか，このフィンガーボールの水を飲んでしまった。会場にいた多くの人は唖然として見ていた。

　すると，それを見た女王様もまたフィンガーボールの水を飲んでしまった。そして，何事もなかったようにしているのだった。それを見た会場の人たちは，さらに唖然とするのだった。

---

5 「フィンガーボール」に含まれる道徳的価値を抽出する

　教材「フィンガーボール」に含まれる道徳的価値は，Aでは［誠実］，Bでは［親切，思いやり］，［感謝］，［礼儀］，［相互理解，寛容］，Cでは［規則の尊重］，［集団生活の充実］，［国際理解，国際親善］，Dでは［感動］というように多く挙げられる。

　しかし，それらの中で［礼儀］に関わるものは意外と少なく，［親切，思いやり］，［相互理解，寛容］，［集団生活の充実］ぐらいだろう。［親切，思いやり］でも，［思いやり］と［親切］では概念に多少違いがあるので，こ

20

こは［思いやり］だろうとか，［相互理解，寛容］では，女王とお客の間で
［相互理解］がなされたというよりも，どちらかというと女王のお客の行動
を受け止める［寛容］な心や態度になるだろうと考え，［思いやり］，［寛容］
のように絞って，［思いやり］，［寛容］，［集団生活の充実］として考えを進
めてもよい。

6　道徳的価値どうしの関係を考える

　この教材での中心となる内容項目を［礼儀］として考えを進めたい。とい
っても，この物語を読んだ児童・生徒や私たちに響くのは，女王の優しさ，
［思いやり］である。［思いやり］と［寛容］の関係については，お客の間違
いを広い心で受け止め（［寛容］），さらにお客が傷つかぬようあえてマナー
に反する行動を取った女王の優しさ（［思いやり］）とを結びつけて考えるこ
とは自然である。また，［思いやり］と［集団生活の充実］の関係について
も，お客の失敗によってその場の雰囲気が気まずくなり，皆が嫌な思いをす
ることなく楽しい会にしようと努めた主催者としての女王の気配り（［集団
生活の充実］）と会場にいる全ての人への［思いやり］とは，結びついてい
ると考えることができる。

　しかし，［礼儀］については，「礼儀ある行動をしたいですね」という主旨
の授業をしようとするならば，女王の行動は［思いやり］とも，［寛容］，
［集団生活の充実］とも結びつきにくい。［礼儀］を支えるはずの［思いや
り］ではあるが，女王のマナーをあえて破った行動をどのように価値づけて
いったらよいのだろうか。

7　「フィンガーボール」における道徳的価値の相関図

　このような道徳的価値の関係の分析を相関図に表してみると，次頁の図の
ようになる。

第1章　考え，議論する道徳の教材研究4つの視点　21

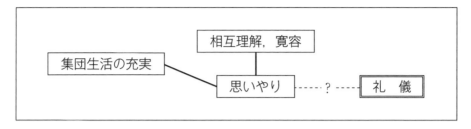

　［思いやり］と［寛容］，［集団生活の充実］とは関係づけることができるが，本時の中心となる内容項目［礼儀］との関連づけができないのである。これでは，児童・生徒も授業で［礼儀］について追究し続けることはできないだろう。

　そこで，［礼儀］を［思いやり］と強く結びつけることはできないのかをさらに考えてみた。女王はマナーをあえて破ったのだから，［礼儀］ある行動をしたわけではないと考えると，［礼儀］と［思いやり］は対立する概念と位置づけられる。しかし，仮に女王の行動をマナーに反してはいるけれど，［礼儀］はあったのではないかとすると，［礼儀］と［思いやり］は強く結びつくことになる。［礼儀］とは一体何だろう？　授業をする私に対し，教材が問題を提起するような状況が生まれたのである。

　そして，「フィンガーボール」において［礼儀］を中心に考えていくためには，「女王の行動は礼儀ある行動でない」という考え方と，「女王の行動は礼儀ある行動である」という考え方の二つを一つの図の中で表現しなければ理解したことにはならないという結論に達した。このように考えて作成したのが次頁の相関図である。

　［礼儀］を中央に置き，「女王の行動は礼儀ある行動でない」と「女王の行動は礼儀ある行動である」を左右に配す。［礼儀］は，「女王の行動は礼儀ある行動である」の側にあるので，両者を二分するように縦線（点線）を引く。

　次に，［思いやり］の配置を考える。「女王の行動は礼儀ある行動でない」とした場合，女王の行動は［礼儀］を捨ててでもお客様を守って上げたいという大きな［思いやり］によるものとなるので，［思いやり］は存在する。

また,「女王の行動は礼儀ある行動である」とした場合も, お客様に対する［礼儀］は［思いやり］に裏打ちされたものであるので, こちらにも［思いやり］が存在することになる。一方は,［礼儀］と［思いやり］は対立するものとなり, 他方は, 強い結びつきを持つものとなる。

　このように, 相関図では,［礼儀］を中心に置き, 二つの考え方に内包されたそれぞれの［思いやり］との関係を示すことになった。立場によって考え方が極端に異なる場合は, 下図のように立場ごとに関係をまとめていき, さらに立場と立場の関係をも明らかにすると, よりわかりやすい, 実践に生かしやすいものになる。

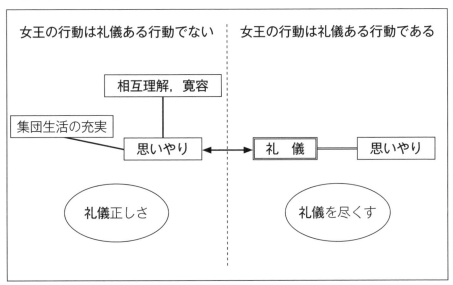

8 「フィンガーボール」の道徳的価値のポイントは

　「フィンガーボール」について道徳的価値の関係を相関図にすることで見えてきたことは,［礼儀］には二通りの考え方があるということである。「女王の行動は礼儀ある行動でない」とする考え方においては,［礼儀］とは「マナー」や「エチケット」に近いものであり, 守られてこそ意味のあるものである。一方,「女王の行動は礼儀ある行動である」とする考え方におい

ては，［礼儀］とは他者に対して心を込めて接するその心のあり方であり，その形はその時々によって異なることもあるものとなる。

　つまり，相関図の下部に丸囲みしたように，前者の考え方によれば［礼儀］とは，「礼儀正しさ」というときの礼儀であって，形を重視するものであり，後者の［礼儀］とは，「礼儀を尽くす」というときの礼儀であって，心を重視するものと言えるだろう。このように，教材に含まれる道徳的価値どうしの関係を分析し，相関図に表すことにより，［礼儀］とはそもそも何かを考えさせることができる。さらに，児童・生徒が自分の考えを意識し，振り返り，これからどう立ち向かっていくかを考えることにつながるのではないかということに気づくことができるのである。

　道徳科の授業では，このような内容項目の本質的な問題に児童・生徒を直面させることで，考え，議論することを生じさせることができるだろう。そして，そのためには，児童・生徒が，中心となる内容項目の道徳的価値をどう捉え，どう自分に向き合おうとするのかをしっかりと予測することが必要となる。

3 視点2 児童・生徒と教材の関係 （建前と本音）を明らかにする

視点2

本音・建前を予測して道徳的実態を捉え授業に生かそう！

1 道徳的実態とは

　授業づくりのために教材研究の段階で行っておくことは，教科の特質との関連づけと教材の理解，そして学習者＝児童・生徒の実態を把握しておくことの三つである。教科の本質との関連づけと教材の理解については，書かれているものを読めば理解できる，極言すれば，教師用指導書を読んで教材研究とするということもあり，また，内容の理解を重視する学習観がまだまだ幅をきかせていることもあって，よくなされていると言える。しかし，児童・生徒の実態把握については，見えにくい部分である，何をもって実態としたらよいかわからないなどの理由から，「実態」とはいっても抽象的で，本時に機能するものになっていないことが多い。次に挙げるのは，道徳の授業の指導案でよく書かれている形の「実態」である。

　「本学級は，男子○人，女子○人の計○名である。本学級の児童は，明るく元気で素直な心をもつ児童が多い。5年生になって2ヵ月近くが経ち，低学年の子供たちに優しく接したり，休み時間に遊んであげたりする姿が見られ，高学年らしさが感じられるようになってきた。……しかし，同じ学級の友達に対しては自分本位の考え方で行動をし，気まずい雰囲気をつくってしまうことも少なくない。」

　ここから見えるのは，子供たちの「輪郭」であって内面の実態ではない。輪郭だから，どの内容項目（教材）でも，もっと言えばどの教科でも使える「実態」である。自分の学級の子供たちなら，この内容項目では，この教材

第1章　考え，議論する道徳の教材研究4つの視点　　25

ではどんなことを考えるかがおおよそ予測できてはじめて児童・生徒の実態を把握したと言えるのではないか。国語では国語の，算数では算数の実態を把握しようとしているように，道徳科では道徳科の実態，道徳的実態を把握する必要があるだろう。

　道徳的実態としては，児童・生徒が何を考えているかということで，「本音」が考えられるが，ここでは，それに加えて，私たち大人だけでなく，児童・生徒も，自分たちの都合により持ち出してくる「建前」についても実態の一部とし，本音と建前により児童・生徒の道徳的実態を捉えることを考えていく。

2　道徳的実態は建前と本音とで捉える

　私たち大人の社会では，建前と本音の使い分けということがよく言われる。「それは建前だから……」とか，「本音で言ってしまえばそうなんだけど……」といったように，正しいことはこうなんだけど，あるいは，本当はこうしたいと思っているんだけど，それではなかなか進まないから妥協してやっていこうという具合である。研修会で先生方に建前と本音に対するイメージを聞いてみた。

　建前のイメージは，「正しいことを言われるとそれ以上広がらない」，「本心を言っていない気がする」，「それはそれで大事なんだけど」というようなものだった。

　本音のイメージは，「本音を言い始めると，本気になってきたなと感じる」，「授業のときは，どうしたら本音を言うようになるかを考えて授業をしている」，「本音を言ってほしい」というようなものであった。

　道徳の授業では，どちらかというと建前はあまり歓迎されておらず，本音が期待されているようである。よくも悪くも建前と本音は道徳の授業において問題とされてきたのだが，これまでは授業の目指すものとの関係や，授業にどう役立てられるかといったことはほとんど考えられてこなかった。建前や本音が飛び出してくるのは，いわば偶発的な出来事であり，教師にとって

はそういった意見を拾うことは吉と出るか凶と出るか一種の賭けのようなものとして考えられてきたきらいがある。

　しかし，考えてみるとどの子供にも，どの大人にも本音と建前はあるのではないか。「正しいことはわかっているよ」という声と「わかってるけど，嫌だな」という声のどちらもが，誰もの心の奥に潜んでいて，時折飛び出してくるのではないか。そして，その間でそれぞれの人がそれぞれの答えを出しながら生きていくのである。そうだとしたら，本音と建前は心の両極に位置するもので，児童・生徒の本音と建前がどういうものかを予測していくことで，児童・生徒の心のあり様の反映された「実態」として生かしていくことができる。このような考え方に基づいて，児童・生徒の授業の中心となる内容項目や教材に対する本音と建前を考えることを道徳的実態と位置づけ，授業づくりに役立てていく。

　建前をスタートにするにしても本音をスタートにするにしても，ゴールとの関係を捉えることで，児童・生徒に自分を見つめる中でゴールを意識させることにつながっていく。そういう意味で，これからの道徳科の授業では，これまで以上に建前や本音に目を向けることで道徳科の「見方・考え方」をふまえたものに近づいていくことになるだろう。

3　建前とは何か

　「それは建前だ」と言われて，相手から肯定的に受け止められていると感じる人はいないだろう。建前には「よくないもの」というイメージがつきまとう。道徳の授業においても同様であろう。建前とは本当にそういうものか。もう一度よく考えてみたい。

　建前とは，辞書的に言えば「表向きの方針」である。そうすることが正しいことである。

　例えば，ゴミが落ちていた場合で考えてみよう。教室にゴミが落ちていたら先生方は何と言うだろうか。おそらく児童・生徒に，「ゴミが落ちていたら拾いましょうね。ゴミがない方が気持ちいいでしょ」というように話すの

第1章　考え，議論する道徳の教材研究4つの視点　27

ではないだろうか。そう，ゴミが落ちていたら拾いましょうというのは，建前であり，誰もが認める正しさなのである。もちろん，このことは日本だから言えることであって，路上のゴミを拾うことを仕事にしている人がいる国では建前として成り立たない。ゴミを捨てる人とゴミを拾う人とが明確に分けられているから，私たちがゴミを拾ってしまうと，ゴミを拾うことを仕事にしている人の仕事を奪うことになってしまう。建前は，国，文化，社会によって異なるが，同じ枠組みの中にいる人の間では，ほとんどの場合，一つに集約される。

　つまり，建前は，道徳的価値や社会規範，慣習，常識などを前提としている「あるべき姿」と言える。日本の社会においては，ゴミが落ちていたら拾うのが私たちの「あるべき姿」なのである。このように考えると，建前は，道徳的価値を語る上での理想値であると言える。嘘のない正直な人生を歩むのに越したことはないし（A視点），困っている人がいたら手助けをしてあげられるに越したことはない（B視点）。お金のことは置いておいて，社会の役に立てるような仕事をするに越したことはないし（C視点），美しい自然に感動し，緑を守るような活動をするに越したことはないのである（D視点）。AからDの視点のいずれにおいても，理想値である建前は厳然と存在する。

　そして，これらの「～するに越したことはない」ということ，つまり建前は，私たち大人は誰でもだいたいわかっている。だから，大人は建前論で話ができるのである。建前がわかることは，正しいことがわかっているということであり，ある意味で客観的判断ができる絶対的な物差しを持っているということになる。

　このことは，道徳科の「目標」の「道徳的諸価値についての理解」がされていることにもつながるとても大事なことである。小さな子供は，自分の周りの環境を汚すことが悪いことだとは思っていないから，汚し放題である。汚すことはいけないことだ，汚れていると気持ちよく過ごせないことを周りの大人，家族や保育園や幼稚園の先生に教えられると，そういうものだと思

うようになりゴミを捨てなくなったりゴミを拾ったりするようになるのである。この間の変化，成長に関しては，身辺をきれいに保つことのよさや汚くしていて周囲の人に迷惑をかけてはいけない，きれいにすることは人のためにもなるといった「道徳的諸価値の理解」を経ていることが大きい。きれいにすることのよさを知らなければ，きれいにしようとは思わないのである。そういう意味で，建前を知っている，よい言葉で言うなら弁えていることは，道徳性を養っていくことの第一歩であり，そして，児童・生徒がどこまで建前がわかっているかを「実態」として予測しておくことが重要となる。

4 本音とは何か

「本音で話して」と言われたら，おそらく相手は，それまでこちらが話していたことは本心でなく，遠慮したり隠したりしながら話しているのだと思っていると考えるだろう。本音とは，あるべき行動とは異なる別のことをしたい自身の思いや欲求を反映した考え方である。本当はこうしたらよいのだが，そうはしたくない，別のやり方でやりたい，そういった思いや欲求を表現するものである。正しさは別のところにあるのだから，「本気で話して」と言っても，話したところで相手が嫌な顔をすることもあるだろうし，本音で話した方としては，「ちゃんと本音を言ったのに，なぜ？」とこちらも嫌な思いをすることになることもあるだろう。

　本音とは何かを考えるために，さらに，ゴミが落ちていた場合で考えてみる。建前は，ゴミが落ちていたら拾うのがよい，である。しかし，ゴミが落ちているのに拾わないこともある。いや，拾わないことの方が多いかもしれない。では，ゴミが落ちているのに拾わなかったときの，私たちの本音はどのようなものだろう。

・ゴミが落ちているので拾う方がよいけれど，今ゴミを拾っても処理できないので見ないふりをしておこう。

・自分は今急いでいるところだからゴミを拾っている余裕はない，きっと誰かが拾ってくれるから拾わなくてもいいだろう。

第1章　考え，議論する道徳の教材研究4つの視点　**29**

- このゴミは自分の出したゴミではないから，拾う必要はない。
- 拾えば手が汚れるから触りたくもない。
- ゴミが落ちていても気にならない。私には関係ない。

挙げようと思えばまだまだ挙げられるだろう。本音は多様である。

　ゴミを拾わないことの本音の主なものを数直線を使って表すと，上図のようになる。左にいけばいくほど，拾いたい気持ちが大きくなり，右にいけばいくほど拾いたくない気持ちが大きくなるものである。行為にすれば同じ拾わないということにはなるが，その差は大きく，しかも人によってどこに位置するかは少しずつ異なるのだと考えられる。このように，本音は主観的な判断によるもので，個別のものであるとするならば，まさに一人一人の「実態」であり，それをいかに多様な形で予測しておくかは，教師の日常の子供理解にかかっていると言えるだろう。

5　「本音」を出し合えればそれでよいか

　「実態」として児童・生徒の本音を予測しておくことはよいが，授業の中で出された本音をどう生かしていくかもまた悩ましい問題である。本音には理にかなった本音もあれば，自分勝手な本音もある。そんな多様な本音を出させ，自分勝手な考えを互いに言い合うだけでは豊かな議論とはならない。むしろ，本音を出し合うことで，他者の考えと自分の考えを比較していろいろな考えの持ち主がいることを意識し，そんな他者の考えと自分の考えを比較する中で，自分はどうだったかを考えるきっかけになるのであればよい。

　「目標」に「物事を多面的・多角的に考え」ることと「自己を見つめ」る

こととがあるが，まさに本音を出し合い議論することがこのことに重なっている。児童・生徒が持っている本音と建前をどう授業に生かしていくかということは，実は児童・生徒一人一人に応じた授業のゴールを設定し，目指していく授業づくりとつながっていくのである。

6 道徳科授業の目指すところと建前，本音

建前と本音をうまく引き出して授業を組み立てていくことは，道徳科の「目標」を達成する上での強力な手だてとなることは理解していただけたと思う。では，道徳科授業のあり方にどう位置づけたらよいか。道徳科の授業における建前・本音とゴールの関係について下図のように整理した。

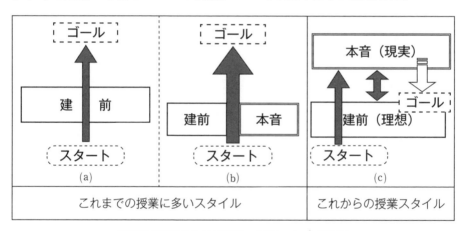

道徳科の授業における建前・本音とゴールの関係

「これまでの授業に多いスタイル」として挙げた(a)と(b)のうち，(a)は，授業の前半で建前に基づいた意見が打ち出され，それに対する反論もないまま授業が収束していくというものであり，建前に終始し，押し切られてしまう授業である。(b)は，「建前は建前，本音は本音」と割り切って考えてしまう授業である。どちらもなぜ建前で言われていることが大事なのか，なぜ建前通りにならず本音のような考えが生ずるのかという道徳的価値の本質にまで踏み込むことができないでいるものである。

一方，(c)は，まずは追究しようとする道徳的価値の理想値が建前として押さえられ，それに対する本音を引き出すことで価値に対するいろいろな捉えがあることを知る。さらに，自分に向き合う中で今の自分からどう変わりたいかを考えさせていくものである。

そう考えると道徳科の授業のゴールは，建前という理想値にあるのではなく，児童・生徒一人一人が現在の自分という自己の実態を認識する中で理想値にどの程度近づけたいと思うかにあることになり，児童・生徒によってゴールは異なるということになる。すぐに実践に移せる児童・生徒もいるし，もうしばらく時間がかかる児童・生徒もいるのであり，一人一人に対応していくことが本当の意味での道徳性を育てるということになるだろう。

道徳科授業の目指すところは，本音（現実）をいかに建前（理想）に近づけていくかを自分なりに考えることと位置づけられる。そして，このことは，考え，議論するという学級集団での学びの中で，一人一人がゴールとしての道徳的価値を追究する個の学びを実現できる理想的な学びの形とすることも可能なのである。

7 教材「フィンガーボール」で建前と本音を考えよう

前節で取り上げた「フィンガーボール」について，児童・生徒はどのように本音と建前を抱いているのだろう。本音と建前を予測することで，道徳的実態を捉えることを試みる。先にも述べたように，究極の建前は道徳的価値に関する理想値であり一つに収束するのに対し，本音は児童・生徒によって少しずつ異なり多様である。建前は理想値に近いものであり，本音は多様で建前に近いものもあれば，遠いものもある。

教材研究の段階では，建前と，建前との間の様々な本音を捉え，距離感を整理し，図式的にまとめていく。

ところで，教材の中の出来事や人物の捉え方には，どちらかというと肯定的，あるいは積極的に捉えようとするものと，どちらかというと否定的，消極的に捉えようとするがある。前者の典型的なものが建前であり理想値であ

り，その対極にあるのが批判や否定である。

　これらの両者の間にあるどちらに傾くかわからない境界に位置する，よいものと考えたらよいか，あるいはそうでないのか迷っているものを「分岐点」とし，位置づけておく。授業の中で，建前に近い考えを持つ児童・生徒を本音に近づけ，否定的，消極的な本音を持つ児童・生徒は少しずつ肯定的に考えるようにしていく中で，一同がこの分岐点に立って，同じレベルで問題を解決していく。そういう状況をつくることが問題を「自分事」とすることであり，考え，議論することにつながっていく。

　このようにして考えた「フィンガーボール」の建前と本音を図表に表すと，次のようになる。

```
┌─────────────────────────────────────────────┐
│  ┏━━━━┓                                        │
│  ┃建前┃  ・マナーは形ではない。女王のマナーは素晴らしい。  │
│  ┗━━━━┛                                        │
│  ▲ 〜〜〜〜〜〜〜〜〜〜〜〜〜〜〜〜〜〜〜〜〜〜〜    │
│  ┃  ・女王の行動は思いやりがあって素晴らしい。          │
│  ┃  ㊀どうするのが客にとって一番よかったのだろう？      │
│  ┃  ・教えてあげた方が思いやりなのではないかと思う。    │
│  ┃  ・女王は礼儀正しくないと思う。                    │
│  ┃  ・他の人がしたら笑われる。女王だから OK なんだよ。 │
│  ▼  ・手を洗うボールの水なんて汚い。不潔だ。          │
│  ┏━━━━┓                                        │
│  ┃本音┃                                        │
│  ┗━━━━┛                                        │
└─────────────────────────────────────────────┘
```

　この教材に関する建前は，大きく二つに分かれると考える。どちらも女王の行動を讃えるものだが，理由は異なる。「マナーは形ではない。女王のマナーは素晴らしい」という意見と「女王の行動は思いやりがあって素晴らしい」という意見である。そして，結局のところ，「どうするのが客にとって一番よかったのだろう」かを考えるところがポイントとなってくる。

　そう考えると，女王の行動を肯定的に捉えるか，否定的に捉えるかの分岐

第1章　考え，議論する道徳の教材研究4つの視点　　33

点がここにあることになる。否定的に捉えている児童・生徒がこの分岐点まで来て，また，肯定的に捉えている建前に近い子供も一度分岐点まで戻ってみて，同じ場所で一緒に考え，議論することで，本時の内容項目に向き合うことが可能になるのである。

　特にこの教材の場合は，女王の行動はマナー違反なのか，れっきとしたマナーと考えるのかによって，建前が異なるのであり，どちらなのかを議論することで，[礼儀]についての思考を深めることにつながると考える。

　一方，本音の中には，女王の行動自体を肯定しないものもある。女王を「不潔だ」と考える児童・生徒に，どう女王の素晴らしさを考えさせていくのか，それが事前に想定されていなければ，授業中には対応することは難しい。児童・生徒の道徳的価値に対する意識の違いを捉えておくことで，幅広い考え方に対応し，議論に巻き込んでいくことにつながるのである。

8　道徳的実態を生かして３段階で学習過程を考えよう

　これまでに考えてきた児童・生徒の本音と建前を捉えることで，道徳的実態を把握することを生かした学習過程についてまとめておく。

　建前は，授業の前半で出される方がよいのか，後半で出される方がよいのかということについては，もちろんケース・バイ・ケースなのではあるが，終盤で建前が出され，まとめとして記述させると，どの児童・生徒の文章も建前そのものということが多い。前半で出されたときも同じようになることもあるが，いわゆる「自分事」とすることができれば，本当に自分にとってはそれ（建前）でよいのかを考えるようになり，実践的意欲に向かうようになるのではないか。このようなことをふまえると，道徳科の一つの学習過程として次のようにまとめられる。

　1．建前を意識しつつ，　　　　　　　　　　　　　　　　〈わかる〉

　2．本音を出し合い，分岐点で立ち止まって話し合い，　　〈つなぐ〉

　3．自分の向かう方向をつかむ　　　　　　　　　　　　　〈生かす〉

---

4 視点3 優れた課題（発問）と 授業展開を考える

視点3
優れた課題と「主体的・対話的」活動で「深い学び」を！

1 課題をつくる

　他の教科では課題は必ずしも発問とは限らないが，道徳科授業は，教師が児童・生徒に課題を投げかけ，出された発言をつなげていくことで価値を生み出そうとするものなので，ほとんどの場合に課題＝発問となる。したがって，道徳科の授業づくりでは，どのような発問をするかで授業の出来が左右されるので，教材研究の終盤での発問づくりは重要であり，その考え方はこれまでと変わらない。

　しかし，考え，議論する授業づくりを目指すのであれば，児童・生徒がより考えるようになる発問，議論を生み出すような発問をしなければならない。それに加えて，「主体的・対話的な」授業で授業改善をしようとするならば，児童・生徒がより自立的に学びに向かうための工夫も求められる。

　これまでの授業を振り返ると，道徳の時間の授業は「○○でなければならない」的な約束事が多く，自由な発想で授業づくりをすることがしにくかった。定石のような発問を積み重ねていく「方程式」のような授業は，「誰でもできる」という面では一定の役割を果たしたかもしれないが，道徳を楽しさや面白さから引き離すこともしてきたのではないか。だとすれば，道徳の時間から道徳科に切り替わる今がチャンスである。だから，これまで「してはいけない」と言われていた発問もしてみて，可能性を試してみるとよい。

　例えば，教材「フィンガーボール」での，「あなたが女王様だったらどうしますか？　それはなぜですか？」という発問である。この発問は，これま

第1章　考え，議論する道徳の教材研究4つの視点　35

でなら「愚問」と言われることが多かった発問であるが，私はそうは思わない。次のＡ，Ｂ二つの発問の効果はどう異なるか考えてみよう。

Ａ 「あなたが女王様だったらどうしますか？　それはなぜですか？」

Ｂ 「あなたが女王様だったら，同じ行動ができますか？　それはなぜですか？」

「あなただったらどうしますか？」という発問は，主人公に寄り添わせる発問と考えられているが，実はそう聞かれると，瞬時にいろいろな「こうする」が生じ，「こうする」の結果を予想し，自分の一番よさそうな「こうする」を選ぶのであり，必ずしも主人公になりきっているのではない。自分が女王だったら，「後で，こっそり教えてあげる」，「女王がしたように水を飲む」というような発言が出るであろうＡの発問は，実は主人公の女王に寄り添うというよりも，女王の行動を客観的に判断し，「どうすることが一番よいか」を頭で考えた答えを引き出すものなのである。

一方，Ｂの発問は，「できるかできないか」をまず答えることを求めている。おそらく「できる」と答える子供はほとんどいないだろう。なぜか。考えなくても，自分ができないことはわかるからである。そして，その後，できない理由を考えることで，「女王様ってすごいなぁ」と思うのである。つまり，Ｂの発問は，自分の主観に訴えて考える発問であると言える。

このように，同じような発問であっても，客観的思考を引き出そうとする発問と，主観的思考を引き出そうとする発問があるのである。今は，どちらを引き出したらよいかという視点で発問を使い分けることにより，児童・生徒の思考を活性化させることができる。

2 「フィンガーボール」，石丸だったら，こう授業する

「フィンガーボール」という教材の特徴は，どの考え方も（建前も本音も）間違いではないということである。女王のしたことを否定的に見ることも素晴らしいと見ることも，どちらにも一理ある。そうだとしたら，自分はどの道徳的価値を大事にするかを一人一人の子供に自覚させた上で，友達の考え

方を聞き合う中で多様な考え方に触れ，自分の考え方が正しいかを見つめ，再考を促すことをさせたいと考える。そこでまず，次のように問う。

①あなたならどうしますか，それはなぜですか。

　この発問により，児童・生徒の心の内にある建前と本音を明らかにする。自分ならこうするという行動の奥に本音がうかがえるし，「すごいはずだ」と思う心の奥に建前が見えてくるのである。しかし，ここではまだ女王の素晴らしさの気づくことは難しい。そこで，次のような発問をする。

②なぜ，女王様はそうしたのでしょう。

　この発問により，女王の真意＝行動を支える道徳的価値を考えさせるのである。お客を気遣ってということはすぐにわかるが，なぜそこまでしたのか，他の方法もあったのになぜ水を飲むという行動だったのかといったことにまで考えを巡らせることにより，そこにある道徳的価値について考えるようにしたい。さらに，次のように問う。

③女王のしたことは礼儀のある行動と言えるでしょうか。考えを書いて，話し合いましょう。

　ここまではお客への思いやりの大きさについて考えてきたと言えるが，それをふまえて礼儀という価値について考えさせることで，思いやりと礼儀の関係を児童・生徒なりに考えさせたい。

　なお，この展開では，主発問は③となる。初発問→主発問→まとめの発問（自分に返す発問）という方程式とは異なっているが，展開の仕方もいろいろなパターンがあってよいだろう。一つの優れたパターンを探すのが重要なのではなく，児童・生徒がより考えるようになることが大事なのである。

3 　主体的・対話的で深い学びと考え，議論する授業

　このように，教材研究をする上でより優れた課題（発問）を考えることは重要だが，「主体的・対話的」な視点を授業に取り入れることも，児童・生徒が自立的な学びをつくるようになるためには重要である。一斉学習だけでなく，より他者と直接関わる機会の多いペアやグループでの活動をできる限

第1章　考え，議論する道徳の教材研究4つの視点　37

り多くしていくことで，関わり合いながら互いに高め合い，そこに達成感や関わり合うことのよさをも味わうことができるのである。

　先生⇔児童・生徒というやりとりが多い道徳科授業に，「主体的・対話的で深い学び」，いわゆるアクティブ・ラーニングを取り入れることは，少しきつい言い方をすると先生のコントロールを外していくということである。このことを不安に感じる先生にとっては，ハードルが高いかもしれないが，育っている児童・生徒ならば，けっこうやっていける。しっかり育てているという自信がある先生は，積極的にチャレンジできる（はずである）。

　では，「主体的」とか「対話的」と言われているが，道徳科においてどう考えていけばよいのだろう。

　「主体的」であることとは，簡単に言えば，自分のこと（自分事）として考えるようになることと言えるだろう。建前を言っていた児童・生徒が，結局，建前を言い続けて授業を終えたのでは，距離を置いて主人公を眺めていて，主人公に寄り添っていくことがない「他人事」で終わってしまうのである。逆に本音で自分の主張しかしないのであれば，これも主人公に寄り添うことのない「一人事」で終わってしまう。都合よく建前を使ったり本音をぶつけたりしながらも，主人公に寄り添ったり，少し離れてみたりする中で自分を見つめ直し，「僕（私）だったら」と自然に考えるようになることを目指すことこそ，道徳科授業における「主体的」と言えるだろう。

　では，「主体的」にするにはどうしたらよいか？　児童・生徒を「自分事」に向かわせるために，これまでも現実的な教材を用意したり，葛藤場面のある教材を意図的に使ったり，また，体験的活動を取り入れたりするなど，様々工夫されている。もちろんそうしたことを取り入れることは児童・生徒の意欲を引き出し，活気のある授業づくりのきっかけとなるだろう。

　しかし，そうした工夫をしているにもかかわらず，きっかけに終わっている授業もある。むしろ，真剣に自分と向き合えれば，きっかけは何でもよいのである。児童・生徒の日常からかけ離れている昔話を題材にした教材でも，しっかりと自分事にできれば，考え，議論する土俵に立つことができるので

ある。「主体的」に学ぶ子供になるためには，教材を工夫することはもちろん大切なのだが，それ以上に，教材の特徴を生かしきることが大切なのである。

次に，道徳科において「対話的」であることについて考える。そもそも，道徳とは人との関わりの中でいかに生きるかを考えることである。それは，私たちはどう生きたらよいかを，人と関わりながら考えているということである。一時的に人と関わることを避けて独りになりたいと思うこともあるが，それでは物事は根本的には解決しない。生き方について考える道徳科授業は，「対話的」であることが原則である。「対話的」でない道徳科授業は，意味がないかもしれない。

では，「対話的」にするにはどうしたらよいか。基本的には，わかり合える話し合いをできる限りたくさん設定することである。議論する中で対立することがあっても，最終的にはわかり合える，そういう話し合いをたくさんさせたい。特に，道徳科授業ではペアでの親密な話し合いをお薦めする。「親密」というのは，表面的に仲がよいように見えることではなく，相手の内面にじわりじわりと入っていく近さのことである。「なぜ女王様のように自分たちはできないのだと思う？」というようなことを二人で真剣に考え，話し合うことで，心の距離は少しずつ縮まっていく。一緒に遊んだり，冗談を言ったりしているだけでは入り込めないところまで，話すことでお互いに入っていけるようになるのである。

もちろん，ペアの話し合いや活動だけでなく，グループでの話し合いや活動も効果的に取り入れていきたい。道徳科授業のグループ活動としては，まず，話し合い活動が挙げられる。話し合い活動には多くのバリエーションがある。ここでは触れないが，他の教科で使っている方法を道徳科授業でも使ってみて，どの方法がどういう場面で効果的かを見きわめながら，先生の持っている話し合い活動のバリエーションを増やしていただければと思う。話し合い活動のほかには，役割演技やインタビュー的活動，エンカウンター的な活動，アサーショントレーニング的な活動などが考えられる。例えば，役

第1章　考え，議論する道徳の教材研究4つの視点　39

割演技は，これまでは一斉学習の中で「誰かできる人いる？」と投げかけ，度胸のある児童・生徒が前に出てきて演ずるということが多かったが，それでは場当たり的な考えでの演技でしかないことが多い。また，小学校高学年や中学生では恥ずかしさから誰もやりたがらず，限定的な児童・生徒による活動だった。それをグループでの活動にし，どう演ずるかを考えるのと同時に，なぜそう演ずるのかを併せて考えることで，多くの児童・生徒を取り込んだ考え，議論する場となる。

　このように「主体的・対話的」にということを目指して，いろいろな活動を取り入れても，結局「深い学び」にならなければ単なる活動的な学習で終わってしまう。いろいろな工夫を取り入れた結果に「深さ」が見られるようでなければならない。そして，そのためには，〈つなぐ〉段階を充実させることである。児童・生徒が，授業の中でいろいろな〈つなぐ〉ことをすることは，多面的に考え，最終的には自分を見つめることにつながり，そこに「深さ」が生まれるのである。

5 視点4 評価を前提として授業を組み立てる

視点4

評価できない授業は目標に迫らない授業と考えよう！

　道徳の時間から道徳科に切り替えがされて，学校現場の先生方の不安材料として挙げられるものの第一は評価であると言ってよいだろう。評価できないことを評価しようとしたり特別なことを評価しようとしたりすることは難しいが，評価しようとしていたことを評価するならば，意外と評価しやすい。つまり，評価を前提として授業を組み立て，事後に評価すればよいのである。評価できない授業はしない，というスタンスで授業をしましょうということである。

1 道徳科において「深い学び」であること

　「主体的・対話的」の続きから述べることとしよう。道徳科において「深い学び」であることとは，いかに考え，議論し，自分に向き合ったかということである。いくら「主体的・対話的」であっても，「深い学び」にならなければ，「活動あって学びなし」になってしまう。授業改善のゴールが「深い学び」であるならば，そこに目標を設定し，どうしたら児童・生徒がゴールに到達できるかを具体的な手だてとして考え，取り組めるようにするのである。児童・生徒が，設定したゴールにたどり着けなかったのであれば，目標の設定を誤っていたか，手だてが適切でなかったかのいずれかである。児童・生徒に責任はないのである。

　目標，手だてが適切であり，児童・生徒が「深い学び」に向かって考え，議論したときに，「この子供」がいかに主体的に，対話的に学び，他者や自分と向き合って生き方を追究したか（深めたか）を認めてやることが，道徳

第1章　考え，議論する道徳の教材研究4つの視点　**41**

科の評価においてすべきことである。

　もちろん，考えの深さによって，〈わかる〉にとどまっている児童・生徒，よく〈つなぐ〉ことをした児童・生徒，〈生かす〉段階まで到達している児童・生徒と様々な到達状況となるだろう。それぞれの段階で何を考えたかをしっかりと評価してやることで，「できる」「できない」という，道徳を考える上では相応しくないものさしを使った評価から抜け出すことができる。では，〈わかる〉，〈つなぐ〉，〈生かす〉で評価するとはどういうことか。それぞれの段階で，何を評価すればよいかをざっと挙げてみる。

〈わかる〉
・教材（資料）に含まれる道徳的価値の存在に気づいたり，理解したりする。
・道徳的価値の内容がわかる。

〈つなぐ〉
・道徳的価値と自分の関係を（から）考える。
・道徳的価値どうしの関係を（から）考える。
・自分と友達の関係を（から）考える。

〈生かす〉
・〈わかる〉，〈つなぐ〉をふまえた行動をしようとする。
・生活をよりよいものにしようと努力したり工夫したりしようとする。

　逆算的に考えれば，このような評価のポイントで評価できるような発問や活動を考えていけばよいということになる。

2　データを生かした評価をする

　評価できるような授業をしても，児童・生徒が考えていることが見える形になっていないと評価の材料として使うことはできない。発言やテキストに変換させておかなければ評価できないのである。発言については，明確な形で残らないし，全ての子供が発言するとも限らない。また，グループ活動など同時に行われている活動での発言は聞くことができないことも多い。できればテキストデータとして残るよう，ノートやワークシートに記述させてお

きたい。

　記述する場面については，評価に値する課題について，ポイントを押さえて，考えがしっかりと反映されるような活動によって導き出されたデータであると質の高い評価につながる。評価のポイントについて，何をどのように評価するかをあらかじめ考えておくと計画的に評価を実施することができる。そのために私は，1時間の授業ごとの評価について，ルーブリックを活用している。

　ルーブリックとは，縦軸に評価の観点（何を評価するか）を示し，横軸に評価の尺度を示し，縦横の交わるそれぞれの枠に具体的な表れを記述語として書き入れたものである。私のルーブリックは，授業過程と考えの深まりの両方を表すことのできる〈わかる〉，〈つなぐ〉，〈生かす〉を尺度として使っている。先の「フィンガーボール」の授業プランで示した主発問を主な評価の観点とした場合のルーブリックを，下に示す。

観点＼尺度	わかる	つなぐ	生かす
女王のしたことは礼儀ある行動と言えるかを考える。	・マナーと礼儀の違いについて考えている。	・礼儀とは，相手や周りの人に嫌な思いをさせないためにあるという考えを基に，女王の行動の是非を考えている。	・マナーも大切にしながら，相手の思いを考えた行動をしたいと思い，両立を目指すように考えている。

　例えば，次のような子供の記述は，どう評価したらよいだろう。

A：礼儀あると言えない。いくら思いやりがあっても，やり過ぎだと思うから。

第1章　考え，議論する道徳の教材研究4つの視点　43

Ｂ：礼儀あると言えない。お客様をもてなすという点では礼儀あると言える
　　かもしれないけれど，他の人たちにとっては礼儀があるとは言えないから。
Ｃ：礼儀あると言える。お客様をもてなすためにパーティを開いたのだから，
　　お客様を大事にしたということでいえば礼儀あると言える。
Ｄ：礼儀あると言える。自分が笑われるようなことをすることでお客様をか
　　ばおうとしていることが，ほかの人たちにも伝わっているから，みんなの
　　お客様を大事にしようとする気持ちにつながっていると思う。
　私の見方では，Ａは礼儀と思いやりの関係を捉えようとしているが，感覚
的に判断しようとしているので〈わかる〉段階にあると評価する。ＢとＣは
「礼儀あると言えない」と「礼儀あると言える」と結論は異なるが，礼儀を
「相手のためにできる限りのことをする」と捉えて考えているので〈つなぐ〉
段階まで深められていると評価する。Ｄは礼儀とは何かを捉えた上で，女王
の行動のよさをさらに見出そうと試みていることから〈生かす〉段階に到達
していると評価すると考えた。
　もちろん評価者によって，評価の揺れが多少は生ずる。研究授業で児童・
生徒に書かせたものを評価の材料として，参加者全員で児童・生徒の記述に
ついて評価し合い，評価についての共通理解を図っておく活動をしておくと，
校内での評価の揺れをできる限り少なくすることに役立つ。
　とはいえ，ルーブリックを毎時間つくることは大変である。だから，毎時
間つくった方がよい，ぜひやってくださいとは言えない。しかし，評価の観
点までは考え，決めておくことは必要である。機能する評価の観点を持って
いるということが，評価できる授業の条件なのである。

第2章

4つの視点でできる！小・中学校定番教材の教材研究実践プラン

　第2章では，これまでに示してきた教材研究の4つの視点を生かしながら具体的な実践プランを提案します。内容項目の検討や建前と本音を生かした道徳的実態の把握を生かしながら，教材研究の始めから終わりまでを目に見える形として示しています。

A 主として自分自身に関すること

　小学校では，［善悪の判断，自律，自由と責任］［正直，誠実］［節度，節制］［個性の伸長］［希望と勇気，努力と強い意志］［真理の探究］が，中学校では，［自主，自律，自由と責任］［節度，節制］［向上心，個性の伸長］［希望と勇気，克己と強い意志］［真理の探究，創造］が位置づけられている。（下線部は，小学校，中学校独自の内容項目を示す。B，C，Dも同じ。）

　小学校独自の内容項目は，小学校でとりあえず完成しておかなくてはならないものであると考えられる。［善悪の判断］は，物心ついたときに身につけておかなければならない道徳的価値であり，中学生になってからでは身につけにくい。また，中学生になって思春期の不安定な時期によくない行動をしかけても，自分の力で踏みとどまるのに必要な道徳的価値でもある。［正直，誠実］についても嘘をつかないよう生きることは，なるべく小さいときに身につけておくべきことである。逆に，中学校独自の内容項目として位置づけられている［自主］や［向上心］などは，十分に自己を見つめ，どうあったらよいかを考えることのできる中学生になれば身につけやすいものと考えてよいだろう。

　「主として自分自身に関すること」は，四つの視点の最初に位置づけられており，児童・生徒にとって最も身近なことということになる。

　ただ，身近だからといって到達するのが容易であるということは全くない。むしろ，他者や社会に対する道徳的価値を実践するよりも難しいと言える。「人との関わり」は相手がいることが前提で，普通であれば「相手によく思われたい」とか，「何とか相手のためになりたい」といった思いを持つので，努力しやすい。また，そのように接することで相手に感謝されたりよく思われたりすることによって，モチベーションも持続する。「集団や社会との関わり」についても，漠然としてはいるが関わろうとする相手がいることで，努力しようとし，努力を続けようとすることがしやすい。

それに対して，自分自身が「こうありたい」と思う気持ちは，何かあって反省するときにはよく湧き起こってくるが，持続しにくい。よく思ってくれる相手がいないので自分自身に対しての努力はしにくいし，自分への甘さから努力も続かない。このように「自分自身に関すること」は実現しにくいのだが，児童・生徒がその実現しにくさをを乗り越えていくよう頑張ろうと思うようにしていくには，どんな工夫をしたらよいだろう。ここで，内容項目として挙げられた道徳的価値を，「〜ねばならない」と「〜でありたい」を両極とした数直線上において考えることをしてみたい。

　「ねばならない」に近いほど，相手や社会からの強制力が強く働くのは当然だが，同時に自分自身に対しても強制力が働く。自分に言い聞かせる力が強いのである。逆に「ありたい」に近いほど，他者からの強制力が働かないから，自分自身への強制力，自分に克つ心の強さがなければ実現していかない。克己の心を湧き起こすには，自分自身を知ること（メタ認知）と「そういう自分になりたい」と思う願いがエンジンとなる。「Ａ　主として自分自身に関すること」の授業では，今の自分を知ることとなりたい自分のイメージを描き，その思いを文字や言葉に表現してしっかりした概念とすることが必要となる。

> **【小学校低学年（2年）の教材研究実践プラン】**
> # 1 「ありがとう，りょうたさん」
> ....
> 『新しいどうとく2』（東京書籍）
> ［個性の伸長］

1 教材の概要

何をするにもゆっくりと丁寧なりょうたと，あわてんぼうだがスポーツが得意なゆきおの二人が，互いを理解し合いそれぞれのよさを生かして助け合うという内容である。

二人が助け合いながら生活することができるのは，単に友情や思いやりの気持ちがあるからだけでなく，運動が得意→ドッヂボールが苦手なりょうたを助けてあげる，几帳面で丁寧→ゆきおの乱雑な荷物の中から図工の材料を探してあげるというように，自分を助けてくれる相手のよさを理解し合っているからである。2年生では，相手のよさを理解し合いながら助け合っていくことはまだまだ難しいと考えるが，よさ（個性）を見つけることの先に彼らのような素晴らしい世界が待っていると考えることは意味あることだ。

2 視点1 道徳的価値を考える

含まれる価値について

本教材に内在する道徳的価値は，中心となる内容項目のA［個性の伸長］のほか，B［親切，思いやり］，［友情，信頼］，［相互理解］，A［節度，節制］である。彼らの行動の根底に［思いやり］や［友情］があるからではあるが，その思いやりを支えるものとしてA［個性の伸長］があり，［個性の伸長］の延長線上には［相互理解］があると考える。

道徳的価値どうしの関係

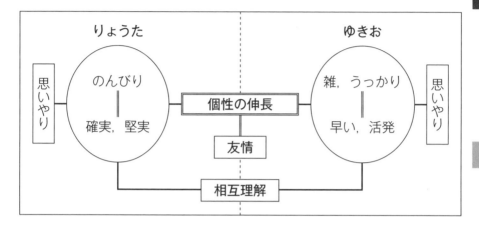

実践に向けてのポイント

　りょうたの確実さ，堅実さは，のんびりとした性格の裏返しであり，ゆきおの何をするのも早いとか活発といった性格は，雑でうっかりすることの多い性格の裏返しである。個性とは，人の性格や特徴の一つ一つの構成要素であると捉えると，よいとか悪いとかを超越した「その人そのもの」として考えることができるだろう。本教材は，そういう意味で，低学年の教材でありながら，個性とは何かということを考えることのできる奥深さを持っている。

　なぜ二人のような行動ができたのかを考えるとき，「友達だから」とか「二人ともやさしいから」といったことで納得してしまいがちだが，［思いやり］や［友情］を結びつけるものとしての［個性］について考えることで，［個性］を生かし合う，つまり，［個性の伸長］にまで目を向けさせることができるだろう。［思いやり］や［友情］は，どちらかというと困っている相手，自分より弱い相手に向けたものとして表れることが多いが，りょうたとゆきおは互いのよさを認め合うことで対等な関係を築くことにつながっている。［個性の伸長］が［相互理解］に結びついている素晴らしいモデルであり，低学年の児童なりにそのことを理解するよい機会とすることができる。

3 視点2 本音と建前を考える

建前

・友達のよいところを見つけてあげたいな。

・自分のよいところを見つけていこう。

〜〜〜〜〜〜〜〜〜〜〜〜〜〜〜〜〜〜〜〜〜〜〜〜〜〜〜〜

・二人ともすごくやさしいよ。

・助け合っていていいね。

㊗二人は，素晴らしいか，そうでないかどっちなのかな？

・りょうたはすごい！　ゆきおはすごい！　でも，二人ともダメ
なところもある。

・二人ともダメなところがあるからよくない。

本音

本音と建前を生かすポイント

おそらく「友達のよいところを見つけてあげたいな」と他者の個性に目を向けようとしたり，「自分のよいところはどこだろう」と自分の個性に目を向けたりする児童は少ないと思われることから，本教材での建前は「理想値」と捉え，とりあえずの目指すところとしてよいだろう。

多くの児童は，二人の行動や関係について，いいなと思ったりうらやましく感じたりするだろう。一方，短所を許すことができないため長所を認めきれない児童もいると思われる。このような本音を抱いている児童の思いと，二人の関係を感覚的によいと捉えている児童の思いの間にある分岐点（㊗）は，「りょうたとゆきおは，素晴らしい子たちと言えるのか，そうでないのか」というところにある。どの子も，手放しで二人を認めることはできないであろうからである。

このように，本音と建前の間の分岐点，つまり，児童が悩むところを見つけると，捉えたことを展開に生かしやすい。

4 視点3 課題と授業展開を考える

目標

　二人のことを素晴らしいか，そうでないか決めかねている児童が，りょうたがゆきおの図工の材料を見つけてあげることができた理由を考えることにより，二人の個性について考えることができるようになる。

課題（発問・指示）と意図

①二人のことを「いいな」と思いますか。

　「二人のこと」とは，りょうたとゆきおのそれぞれのことでもあり，二人の関係のことでもある。りょうたはいいけどゆきおはそれほどでもない，二人の関係はうらやましいなど，主観的な印象を素直に引き出すことで，次の発問への布石とする。

②なぜ，りょうたは，ゆきおの図工の材料を見つけてあげることができたのでしょう。

　ここでは，りょうたのやさしさやゆきおを友達と思う気持ちだけでなく，りょうたの性格や日頃の行動の仕方から丁寧で几帳面な性格と，それゆえ，ゆきおの荷物を隅から隅までしっかりと調べることができたことを結びつけて考えることに期待したい。時間があれば，ゆきおについても考える。

③友達のよいところを探しましょう。見つけてもらったよいところを使って，どんなことができるか考えましょう。

　ここまで考えてきた問題を児童一人一人に返し，実践的意欲を引き出そうとする活動である。2年生であれば，このような活動も形式的なものとは思わず，積極的に友達の長所を教えてあげたり，逆に自分のよさを聞いたりすることができると考える。このような時期を捉え，自分のよさを知り，そのよさを生かしてどんなことができるかを考えることで，[個性]について考え始める機会としたい。

第2章　4つの視点でできる！　小・中学校定番教材の教材研究実践プラン　51

考え，議論するための工夫

・主観的に捉える発問から客観的に捉える発問に

①の二人のことをどう思うかという活動で主観的な思考を促しマイナス面を十分に引き出しておくことにより，それを受けた②のなぜそういうことができたかを考える活動でしっかりと事象を捉え，客観的に考え，さらに話し合うことができるようになる。

・自由な交流で他者からの情報を得る

③のそれぞれの長所を友達から教えてもらう活動についても，教室内を自由に移動し，積極的に友達に働きかけることにより情報収集をする。この情報を基に，自分ができそうなことをじっくりと考えることにつなげていく。

展開

過程	学 習 活 動	留 意 点 等
わかる	●今日は，二人の友達について考えます。 ●教材を読む。 　二〜三人に，挿絵を見ながらあらすじを話させて，内容の確認をする。 ●めあてを確認する。 二人のなかよしのひみつをさぐろう。 ①二人のことを「いいな」と思いますか。 ・りょうたはいい。 ・ゆきおはあまりいいと思わない。 ・りょうたものんびりし過ぎている。 ・別にのんびりでもいいけどなぁ。	○主となる活動の時間を確保するためになるべく早く教材に入る。あらすじの把握も板書の挿絵を使って効率よく行う。 ○児童が見通しを持てるよう，めあてを提示する。 ○二人に対する印象を感じたままに引き出したいので，共感しながら受け止める。

52

つなぐ	②なぜ，りょうたは，ゆきおの図工の材料を見つけてあげることができたのでしょう。 ・やさしいから。 ・友達だから。 ・注意深く見ることができるから。 ・しまう場所がちゃんとわかるから。	○出される意見の全てをりょうたの個性と捉えるよう工夫して板書する。ゆっくりすぎたり丁寧すぎたりする点についても，裏表の個性として板書しておく。
生かす	③友達のよいところを探しましょう。 　見つけてもらったよいところを使って，どんなことができるか考えましょう。	○自由に友達と交流しながら長所集めをさせる。

5　視点4　評価を考える

観点　　尺度	わかる	つなぐ	生かす
友達のよいところを探して教えてあげる。	・できることをよさとして捉えている。	・性格にも目を向けてよさとして捉えている。	・できることと性格とのつながりを考えてよさを捉えている。
見つけてもらった長所をどんなことに生かせるか考える。	・できることの応用として考えている。 (例)力持ちだから重い物を…	・性格を生かせることとして考えている。 (例)時間を守るから…	・特技と性格を併せて考えている。 (例)声が大きくて明るいから…

A　自分自身

B　人との関わり

C　集団や社会との関わり

D　生命や自然、崇高なものとの関わり

【小学校中学年（3年）の教材研究実践プラン】

2 「よわむし太郎」

『わたしたちの道徳　小学校三・四年』（文部科学省）
[希望と勇気]

1 教材の概要

「よわむし太郎」と呼ばれていた太郎が，子供たちが大事にしていた白い鳥を撃とうとしていた殿様の前に立ちはだかり，身を挺して白い鳥を守ろうとした勇気について描いたものである。平生は子供たちのからかいに対してされるがままになっているため「よわむし太郎」と呼ばれている太郎ではあったが，その心の奥にあるのは子供たちへの思いやりの心であり，「だめでございます」と命をかけて白い鳥を守ろうとする勇気は，まさに思いやりの心から生まれたものと言えるだろう。

2 視点1 道徳的価値を考える

含まれる価値について

本教材に含まれる道徳的価値は，中心となる内容項目であるA[勇気]のほか，B[思いやり]，[寛容]，A[誠実]である。太郎の言動に関わる道徳的価値のうち，[寛容]は子供たちに向かう価値であり，[勇気]は殿様に向かう価値である。[寛容]も[勇気]も[思いやり]がなければ成立しないというところがポイントであり，太郎の子供たちへの優しい思いが根幹にある。そして，[誠実]は太郎自身に向かう価値である。誰しもそれぞれの道徳性のうちにいろいろな（ここで言えば[寛容]や[勇気]，[思いやり]）道徳的価値を内包していたとしても，それを[誠実]に貫こうとする気持ちがしっかりしていなければ，行動にはつながらない。ただし，本教材では，

54

［勇気］ある行動を貫き通せたことを［誠実］に向けてしまうよりも［思いやり］に向けた方が児童にとっては考えやすいと考えられる。

道徳的価値どうしの関係

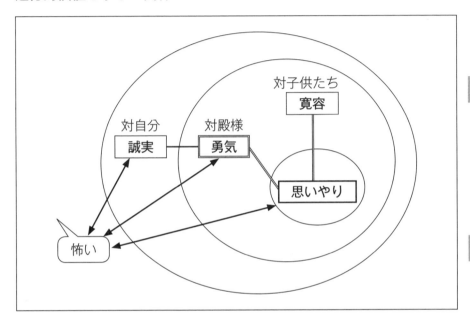

実践に向けてのポイント

　この図を見てもわかるように，本教材における太郎に関する道徳的価値は，全てプラスのものとなっている。多くの教材に見られる主人公の失敗や迷い，葛藤，自己矛盾などを含んでいないのである。ということは，太郎は完全な善なる存在であり，太郎の内部での葛藤を授業に取り入れることはしにくい。そうであれば，太郎の言動と児童の思いとの間に葛藤をつくり出す工夫が必要となる。太郎のように振る舞うことは自分には無理だろうと考えている多くの児童に，無理とも思える行動がなぜできたのかを考えることで，「よわむし太郎」を自分事として捉えることができると考える。

3 視点2 本音と建前を考える

建前

・相手が誰でも，ダメなものはダメ。

～～～～～～～～～～～～～～～～～～～～～～～～～

・太郎はすごい。太郎のように行動したい。

・勇気はとても大切だ。

㋑なぜ太郎はあんなことができたのだろう？

・太郎みたいにはなれないだろう。

・なぜ子供たちに怒らないのだろう。

・普段からかわれているんだから，助けてあげなくてもよい。

本音

本音と建前を生かすポイント

　児童の建前としては，「太郎は立派だ。太郎のようになりたい」とか「勇気は大事だ」，また「相手が誰でもダメなことはダメと言わなければ」といった考えを持つだろう。児童は，勇気を持って行動することの大切さ，悪いことは悪いとはっきり言うことが求められていることは重々承知なのである。しかし，それがわかっていてもできることには簡単に結びつかない。本音としては，「太郎みたいにはなれない」というような今の自分と比較して捉えたり，「なぜ太郎は命がけで鳥を守ろうとしたのかな」という疑問を抱いたりする児童もいるだろう。また，「子供たちは悪い」とか「なぜ子供たちに怒らないのだろう」，「いじめられてたのだから助けなくてもいい」と優しい太郎に意地悪をする子供たちの行動にこだわる児童もいるだろう。そこで，本教材の本音と建前の分岐点である「なぜ太郎はあんなことができたのだろう」という思いについて考えることで，そのような子供たちの行動は太郎にとっては取るに足らないことだということが見えてくるだろう。そして，いざとなったら命がけで大切なものを守ろうとする勇気にこそ目を向けて考えることで本教材のよさが生きてくるのである。

56

4 視点3 課題と授業展開を考える

目標

太郎がいつからよわむしでなくなったかを考えることを通して，勇気とは相手を思いやる心の中にあるものだということに気づき，自分の中の勇気について考える。

課題（発問・指示）と意図

①太郎は，いつから弱虫でなくなったのだろう。

　この発問により，児童の〈勇気⇔弱虫〉という概念についての捉えを明確にすることができると考える。表面的な表れを勇気と捉えるか，心の奥にある強さを勇気と捉えるかがはっきりとしてくる。

②勇気があるってどういうことだろう。

　「よわむし太郎」の勇気について考えた児童に［勇気］を一般化させることで，自分にとっての勇気を考えるきっかけにしようとする発問である。

③自分の勇気について書いてみよう。こんなときに勇気が出たとか，こんな勇気出してみたいなというように。

　本時の学びを日常生活と結びつけ，これからの生活の中で自分はどうあったらよいかを考える活動である。具体的な場面を想起することにより，自分にとって勇気とは何かを考えるきっかけとしたい。

考え，議論するための工夫

・物語の出来事にではなく，児童の思いの中の葛藤を捉え，議論する授業に

　本教材自体には葛藤する要素を取り上げにくいので，主人公の言動と児童の実態とのギャップを生かして，そこに葛藤を生み出し，考え，議論する機会を設定することができると考える。

・価値の一般化の際に，フリップボードを使い，考えを整理し表現させる

　考えたことをまとめ発表する機会はどの授業でも見られることだが，可視

第2章　4つの視点でできる！　小・中学校定番教材の教材研究実践プラン　57

化できるのは発表する部分だけになりがちである。そこで，どのように考え，それをどう整理したかを可視化すると共に，より考える学びをつくり出す手だてとしてフリップボードを使い，そこにナンバリングとラベリングを取り入れたまとめをさせることが有効である。

展開

過程	学 習 活 動	留 意 点 等
わかる	○「よわむし」って言われたらどう思いますか。 ・いやだ。　・悲しい。 ●教材の読み聞かせを聞く。 ○感想を話す。 ・太郎はすごいと思った。 　Ｔ　どこがすごいの？ ・殿様に白い鳥を殺さないでって言ったところ。 ・勇気がある。 ・意地悪されてもにこにこ笑ってたところ。 ●めあてを確認する。 ┌──────────────────┐ 太郎の勇気について考えよう。 └──────────────────┘	○児童の「よわむし」に対する意識を出させておく。 ○挿絵を提示し，物語の筋を確認する。 ○感想を基に，「すごい」を勇気と寛容の二点に焦点化しておく。 ○めあてをワークシートに書き，赤囲いする。
つなぐ	①太郎は，いつから弱虫でなくなったのだろう。 ・殿様に白い鳥を殺さないでって言ったとき。 ・最初から弱虫じゃなかった。元から勇気があった。 ・どっちだろう。 ㊜最初からだとしたら，なぜ「よわむし太郎」だったのでしょう。 ・太郎は弱虫だとは思っていなかった。	○対立場面をつくり出し，それぞれの根拠や思いを基に考え議論する時間となるようにする。 ○［勇気］をキーワードとして引き出せるような補助発問を

58

| 生かす | ・大したことじゃなかった。
・いたずらするくらい元気な子供が好きだった。
・勇気があるのと威張るのとは違う。
②勇気があるってどういうことだろう。
●フリップボードにペアでまとめる。
・いばらないけど強い。
・人のためにがんばれる。
・いざというときに出るもの。
③自分の勇気について書いてみよう。こんなときに勇気が出たとか，こんな勇気出してみたいなというように。 | する。

○フリップボードにナンバリング・ラベリングを使ってまとめることで，価値の一般化を図る。
○[勇気]についてそれぞれの思いを書き，本時の学習での自分の考えをまとめる。 |

5 視点4 評価を考える

観点 ＼ 尺度	わかる	つなぐ	生かす
勇気について考える。	・太郎の行動の範囲でまとめている。	・自分たちの生活の中で考えている。	・太郎の行動と自分たちの生活をリンクさせている。
自分の勇気について書いてみる。	・漠然とした勇気について考えている。	・日常生活でできたこと，したいことを考えている。	・具体的な場面を想定し，どうすることが勇気かを考えている。

A 自分自身

B 人との関わり

C 集団や社会との関わり

D 生命や自然、崇高なものとの関わり

【小学校高学年（５年・６年）の教材研究実践プラン】

3 「手品師」

『小学校道徳の指導資料とその利用１』（文部科学省）
[正直，誠実]

1 教材の概観

　本教材は次の一つの状況設定（⓪）と六つの局面（①〜⑥）で構成される。
⓪あるところに大きな劇場で演ずる夢を抱いた売れない手品師がいた。
①ある日，かわいそうな境遇にある少年と出会う。
②手品師は少年に元気を出させようと手品をして見せ，少年は喜ぶ。
③「明日も来てくれる？」と言われ，「来るともさ」と約束する。
④その夜，友人から電話があり，大劇場での公演の誘いを受け，少年との約
　束と夢の実現の間で迷いに迷う。
⑤友人の誘いを断る。
⑥次の日，手品師は少年の前で素晴らしい演技を見せる。
　先行実践の多くが①から⑥の中のいくつかの局面を丁寧に押さえているが，
④を中心に議論し，⑤で確認をする程度にしないと深まらない。

2 視点1 道徳的価値を考える

含まれる価値について

　本教材には，内容項目として位置づけられている［誠実］のほかに，Ｂ
［思いやり］やＡ［希望と勇気，強い意志］，Ｄ［よりよく生きる喜び］など
が含まれている。［誠実］について考えさせたいところだが，手品師の［思
いやり］はとても大きく，［思いやり］でなく［誠実］について考えさせる
のは難しい。実際の授業を見ても，知らない間に［思いやり］について話し

60

合っていることも少なくない。無理に［誠実］について考えさせることをしないようにするには、どうしたらよいか。

また、大劇場で演じられるような手品師になりたいという［希望］は、それを捨てても約束を守る［強い意志］と矛盾しているように見える。児童の中で、二つの道徳的価値が矛盾せず、結びつくような議論を促したい。

道徳的価値どうしの関係

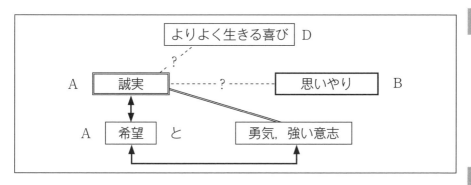

実践に向けてのポイント

手品師は［誠実］であり、［思いやり］もあるが両者の関係はどうなのか。結びついているようでもあり、独立しているようでもある。もちろん関係はあるのだが、心の向かう先が異なっているのである。［誠実］はA「自分自身に関すること」であり、［思いやり］はB「人との関わりに関すること」に位置づけられている。［誠実］について考えるとき、誰に対して誠実だったかといえば、少年ではなく、自分自身にということになる。少年との約束を破って大劇場の舞台に立つことは、手品師自身が許さなかったのである。このように考えると、手品師の［希望］が、自身への［誠実］を［強い意志］で貫いた上でのものであり、誰かを犠牲にした上に成り立つものではないことが見えてくる。そして、これらの価値をふまえたところに、手品師にとっての［よりよく生きる喜び］があると考える。

3 視点2 本音と建前を考える

建前

・相手が誰でも約束を守る手品師は本当に強い人。尊敬する。

・チャンスはきっとまたある。手品師ならそれを生かせる。
・手品師は約束を守って素晴らしい。手品師のようになりたい。
・少年がこれ以上傷つかなくてよかった。
㋕**手品師は後悔する気持ちはないのかな？**
・僕だったら，少年との約束を守ってあげたいけど，きっとできないだろう。
・ずっと前からの夢だった大劇場で演じるチャンスだったのに。
・少年との約束より，大劇場の方が大事だったのではないかな。

本音

本音と建前を生かすポイント

　手品師の行動について，どの児童もすごい，素晴らしいと思いはするだろうが，そう思いながらも本当にこれでよかったのだろうかという思いも心のどこかに見え隠れするだろう。分岐点である「後悔はないのか」という思いである。手品師が大劇場で手品をする夢を叶えたとしても，全面的に手品師を非難することはできまい。そのため，授業における論点を「自分だったらどちらを選ぶか」というところへ持っていってしまいがちである。

　児童の実態としての建前と本音にある思いも，どちらを選ぶかという段階にとどまっているだろう。だからといって，ここでの問題は，小さな約束と大きな夢のどちらを選ぶかではなく，どうして手品師が小さな約束を選んだのかを考え，その手品師の思いに児童自身を向き合わせることである。ただし，［誠実］に関する理想値を児童は理解できていない。では，どうしたらよいか。授業の中で，［誠実］と一体化してしまっている［思いやり］を離して考えることで，［誠実］とは何かが見えてくるだろう。

4 視点 3 課題と授業展開を考える

目標

　少年との約束を選んだ決断を漠然と理解できると言っている児童が，手品師は大劇場へ行かなかったことを後悔していないかを考えることにより，手品師の生き方について考えるようになる。

課題（発問・指示）と意図

①「迷いに迷った」ときの胸のうちにはどんな思いがあったでしょう。

　これは，その後に決断するに至るまでの複雑な胸のうちの理解を促そうとするものである。事象を客観的に見ることではあるが，様々な思いで心の中が混乱している手品師に共感し，その状態をそれぞれの児童の中で再現できれば，この教材を自分事として捉えることにつながっていくだろう。

②少年との約束を選んだ手品師の決断を理解できますか，できませんか。

㊛手品師は大劇場へ行かなかったことを後悔していないでしょうか。

　手品師の行動の動機を思いやりと考えている児童の目を，誠実に向ける。②で手品師の決断に対する各自の主観的な評価をし，自分と向き合うようにするが，そこでは少年の身の上に対する同情から手品師が約束を守ったのだと考える児童も多いだろう。そこで，再考を促す補助発問をすることで，[誠実]とは何かを考えることにつなげていく。

③手品師に声をかけるとしたら，何と言ってあげるかを書きましょう。

　児童は既に手品師の行動が素晴らしいことは十分わかっているので，道徳的価値について書かせても一般的な答えが多くなってしまう。そこで，声をかけるという設定により，飾らない思いを表現させたいと考える。

考え，議論するための工夫

・自分だったらどうするかを「理解できるか」という形で問う

　手品師の行動を理解できるかどうかを問うことで，「夢か約束か」の決断

A　自分自身

B　人との関わり

C　集団や社会との関わり

D　生命や自然，崇高なものとの関わり

第2章　4つの視点でできる！　小・中学校定番教材の教材研究実践プラン

を児童に迫ることになり，自分の考えている立場から手品師がそうした理由を考え始めるのではないかと考える。この課題については，グループでの話し合いとすることで，必ず意思表示し自分の考え方について説明しなければならない場の設定となる。

・設定を変えて考えることで本質を追究する

　②の発問では手品師の思いに迫りきれないので，補助発問「手品師は大劇場へ行かなかったことを後悔していないか」と問うことで，議論を振り出しに戻し，話し合いを活性化する。問題解決的な学習においては，解決の過程で児童の考えや話し合いが暗礁に乗り上げる場面をつくることも重要であり，そこを脱する課題に積極的に関わることで，より主体的な学びとなる。

展開

過程	学 習 活 動	留 意 点 等
わかる	●教材を読み，ペアであらすじを確認する。 ●めあてを確認する。 　手品師の決断について考えよう。 ①手品師が迷いに迷ったときの胸のうちにはどんな気持ちがあったかでしょう。 ・やっと夢がかなう。 ・これで生活が楽になる。 ・行かなかったら少年はがっかりするだろう。 ・約束は守らなければいけない。	○あらすじリレーでストーリーを確認する。 ○複雑な心境だったが，その後の決断について考えるために，どの思いが強かったかをそれぞれ考えさせておく。
つなぐ	②少年との約束を選んだ手品師の決断を理解できますか，できませんか。グループで考えを出し合いましょう。	○グループでいろいろな考えを出させる。

	理解できる	理解できない	○話し合った内容を全体に報告し，板書で整理することでさらに考えを深めるきっかけとしていく。
	・手品師としてか人としてかだったら，人としてが大事。	・一生をかける夢なのにチャンスを逃していいの？	
	・自分をごまかして生きるのは嫌。	・少年にはまた会えるかもしれない。	
	・きっとチャンスは来る。	・友達に悪い。	
生かす	㊜手品師は大劇場へ行かなかったことを後悔していないでしょうか。		○自分（手品師）にとって最もよい選択は何だったかを再考し，話し合う。
	③手品師に声をかけるとしたら，何と言ってあげるかを書きましょう。		○手品師の決断に対して，自分なりの誠実さの評価をして書くようにする。

5 視点4 評価を考える

観点　　尺度	わかる	つなぐ	生かす
手品師に声をかけるとしたら，どう言うかを書く。	・手品師のとった行動，結果について賞賛している。	・迷っている中から少年のために行動しようとした手品師の人格に触れている。	・手品師の人格を自分の度量と比較しながら，これから生きていく上での手掛かりとしようとしている。

A　自分自身

B　人との関わり

C　集団や社会との関わり

D　生命や自然、崇高なものとの関わり

第2章　4つの視点でできる！　小・中学校定番教材の教材研究実践プラン　65

【中学校の教材研究実践プラン】

4 「ネット将棋」

『中学校道徳　読み物資料集』（文部科学省）

[自律]

1 教材の概要

　将棋にはまっている「僕」と敏和。とは言っても二人の間には大きな違いがある。「僕」は，最近腕を上げてきた敏和との昼休みの対戦で，不利になると時間稼ぎをして引き分けに持ち込もうとする。一方の敏和はと言えば，全く嫌そうな顔をしない。敏和がネット将棋で鍛えていることを知ると「僕」もやってみるが，やはり負けそうになるといきなりログアウトしてしまう。敏和は，ネット将棋でも，「お願いします」に始まり，「負けました」，「ありがとうございました」と見えない相手にも挨拶しているという。

　ただ強くなればいいのか，それとももっと重要なものがあるのか。学習でも部活動でも，より上を目指そうとしている中学生にとって，[自律]を考えるのにふさわしい教材と言える。

2 視点1 道徳的価値を考える

含まれる価値について

　本教材が内包している道徳的価値としては，授業の中心となる内容項目の[自律]のほかに，同じＡの視点の[自由と責任]，[向上心]，[節度]やＢ[感謝]，[礼儀]が考えられる。

　「僕」について言えば，将棋が強くなりたいという気持ちはあるが，その向上心がよい方向を向いていないため，[自律]できていない。当然ながら，[感謝]や[礼儀]もできていない。「僕」がなぜダメなのかを考えたところ

で，中学生が［自律］するヒントを得ることはできないだろう。ここでは，敏和がどのように［自律］し，［感謝］や［礼儀］の心を身につけていったかを考えることで，［自律］と［向上心］，［感謝］，［礼儀］などとの関係を取り入れながら生徒の心に迫っていく。

道徳的価値どうしの関係

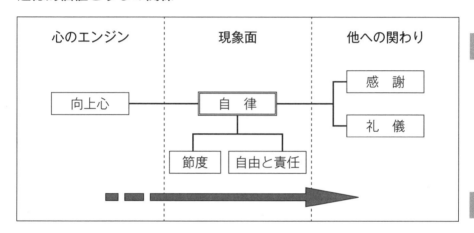

実践に向けてのポイント

　敏和は，将棋が強くなりたいという気持ち，つまり［向上心］をエンジンとして，自分をコントロールすることを身につける（［自律］する）ことで，他者への関わり方も心から敬意を表することができるようになっている。何かを上達しようと思うときに，とかく技術を向上させることだけに目が行きがちだが，そういう自分をしっかりとコントロールできる強さ＝［自律］心を持つことが［向上心］が正しく働くようになるためには必要である。

　このような［向上心］が［自律］心を伴ったときに，自然と他者への関わりは，［感謝］を持った［礼儀］あるものとなる。［向上心］や［感謝］，［礼儀］との関わりで捉えていくことで，［自律］を実体を持ったものとして考えることができるのである。

3 視点2 本音と建前を考える

建前	「僕」について	敏和について
	・卑怯なやり方だ。そんなことは自分は嫌だ。	・こんなふうに考えることができるようになりたい。
	・かっこわるいな。 ・そうは言っても，自分も同じことしちゃうかも。 ・いいとは言えないけど，悪いとも言えないのでは。 ・別にいいんじゃないかな。	・自分も部活動で同じように考えてた。 ㋑どうしたらそんなふうに考えられるのだろう？ ・だから強くなるんだな。でも，難しい。自分には無理かな。 ・そんな中学生いないよ。
本音		

本音と建前を生かすポイント

　何かについてがむしゃらに取り組んでいることの多い中学生にとっては，敏和に対する建前である「こんなふうに考えることができるようになりたい」という思いは，単なる建前に終わらず理想値として機能することも多いだろう。スポーツや将棋の世界などで多くの中学生が活躍しているのをマスコミを通じて見聞きしており，自分もそうなりたいと考えている生徒も多い。

　そこで，ポジティブ（建前）とネガティブ（本音）の分岐点である「どうしたらそんなふうに考えられるのだろう」という疑問を中心発問として授業を組み立てていきたい。生徒が自分の目の前の目標を実現することを，まずは敏和の場合に置き換えて考えることで，自分の場合はどのように努力していったらよいだろうと考えるようにしていく。そして，その中で「僕」の行動を「別にいいんじゃないかな」と思っている自分を振り返ることにもつなげたい。

68

4 視点3 課題と授業展開を考える

目標

　「僕」のようにはなりたくないが，敏和の真似はできないと思っている生徒が，なぜ敏和がそんなふうに行動できるようになったかを考えることにより，自分をコントロールできる強さについて考えるようになる。

課題（発問・指示）と意図

①（部活の試合などで）負けたとき，どんなことを思いますか。

　負けたときの悔しさや無力感，何としても次は勝ちたいと思う気持ちを思い出させ，「僕」や敏和が負けたときの思いに重ねることができるようにする発問である。誰しもうまくなりたい，勝ちたいと思うが，その思いがなかなか次につながらないことも実感できるとよい。

②「僕」と敏和は，どんなところが違うのでしょう。

　同じ将棋にはまっている二人だが，取り組み方に大きな違いがあり，それが上達という結果にも出てしまっている。客観的に二人の行動を比較させ，その違いの中から生徒自身により，自分に対する厳しさや謙虚さといった成長のためのキーワードを見つけていけるようにしたい。

③なぜ敏和はそんなふうに行動できるのでしょう。

　敏和の素晴らしさについては生徒は十分わかっているが，レベルが高すぎて真意を理解できずにいるだろう。「目には見えない相手とどう向き合うかで自分が試されている」とか「心から『負けました』と言うことで伸びていく」といった言葉を，生徒の経験と照らし合わせながら，生徒なりの言葉で表現させたい。

④自分はどうかを考えて書きましょう。

　自分に戻して考える活動であるが，書きにくいこともあると思うので，あっさりと扱いたい。過去を振り返ることも大切だが，これからの自分への期待や意気込みを書くことも勧めたい。

第2章　4つの視点でできる！　小・中学校定番教材の教材研究実践プラン

考え，議論するための工夫

・まず，経験したことから関連したことを引き出す

　授業の冒頭で，部活の試合などで負けたときの思いを出させることで，自分と関連づけながら考えることにつなげる。負けたことのない生徒はほぼいないであろうし，負けたときの思いは印象強いのではっきりと覚えているだろうから，引き出しやすいと考える。

・幅広い意見を出させるときはグループ学習で

　②の「僕」と敏和の行動を比べる活動では，意見をまとめるというより，いろいろな見方ができることを生徒に気づかせたいので，グループでできるだけ多くの意見を出す話し合いを行う。もちろん，ここで出された意見が，次の発問を考えるためのヒントになっていく。

展開

過程	学　習　活　動	留　意　点　等
わかる	①（部活の試合などで）負けたとき，どんなことを思いますか。 ●教材を読む。 ●めあてを確認する。 上達するとはどういうことかを考えよう。	○思っていること，経験を率直に話すように促す。 ○ペアで簡単に感想を話し合う。これにより教材の概要をつかむことができる。 ○めあては，見通しを持つことができ，しかもテーマを先読みできない程度のものとしておく。
つなぐ	②「僕」と敏和は，どんなところが違うのでしょう。グループで考えを出し合って，ま	○ホワイトボード等を使い，「僕」と敏

70

	とめましょう。		和を対比的に整理しながら話し合わせる。○一つのグループのものを取り上げ，他のグループで補足する意見があれば出させてまとめる。
	「僕」 ・負けましたと言えない。→ログアウト ・勝てばよい。 ・勝つためにやっているみたい。	敏和 ・心から負けましたと言える。 ・相手に感謝。 ・向上するため。 ・本当に将棋が好き。	
生かす	③なぜ敏和はそんなふうに行動できるのでしょう。自分と比べて考えてもよいですね。 ・勝つために将棋をしているのではなく将棋を楽しむためにやっている。 ・負けることも上達するための一つの段階だから，お礼が言えるんじゃないかな。 ・相手に勝つのではなく，自分に勝つ？ ④自分はどうかを考えて書きましょう。		○文脈からだけでは捉えきれないので，自分の経験に置き換えて考えさせたい。○様々な言い方で，自分なりの表現をさせ，認めていく。○過去の振り返りは強要せず，これからの自分への期待として書くようにする。

5 視点4 評価を考える

観点＼尺度	わかる	つなぐ	生かす
自分はどうかを考えて書く。	・自分も「僕」と同じようにしてきたことに気づく。	・敏和を参考にどこを変えたらよいかを考えている。	・何のためかを見つめ直し，今後の自分のあり方を考えている。

B　主として人との関わりに関すること

　小学校では，［親切，思いやり］［感謝］［礼儀］［友情，信頼］［相互理解，寛容］が，中学校では，［思いやり，感謝］［礼儀］［友情，信頼］［相互理解，寛容］が位置づけられている。

　「主として人との関わりに関する」道徳的価値については，どれも［思いやり］の気持ちが根底に流れていることが成立する条件となる。［感謝］は思いやりの気持ちをありがたく思う気持ちであり，［礼儀］は［思いやり］や［感謝］の気持ちを行動に表そうとするものである。また，［友情］は，友達との間の［思いやり］の気持ちであり，そのような思いに裏づけられた関係の中で相手を受け入れる気持ちが［信頼］であり［相互理解］であり［寛容］である。

　小学校と中学校の設定の違いに目を向けてみると，小学校では［親切，思いやり］となっていて，中学校では［思いやり，感謝］となっている。

　［親切］が小学校にしかないのは，［親切］が主として行動に関する道徳的価値であり，［思いやり］が主として心持ちに関するものであることに関係する。［親切］も［思いやり］も十分でない状態で，まずは人への優しさを行動で表すことを身につけ，次第に心も行動に追いついていき一体化していくという育ち方を想定した考え方と言える。また，中学校で［思いやり］が［感謝］と同じ括りにされているのは，［思いやり］は他者への優しさが起点になっており，［感謝］が自分に対する他者の優しさへの気づきが起点になっていることによると考えられる。［思いやり］の向きこそ異なっているものの，どちらも［思いやり］によって成り立っているのである。

　「主として人との関わりに関すること」の「人」とは，漠然とした誰かを指すのではなく，特定の誰かを意味している。［思いやり］を語るには，誰に，どんな場面で，どのような形で示したかという具体的な場面を抜きには考えられないし，［友情］について考えることは，自分と友達との間にある

感情について考えることである。

　Bの視点の道徳的価値を，「ねばならない」ことと「ありたい」ことの座標軸によって整理すると次のようになる。

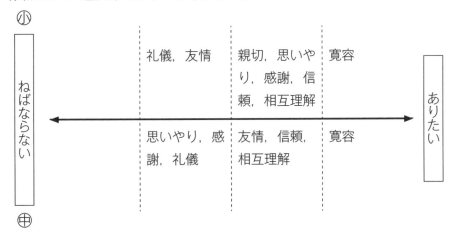

　[親切，思いやり] や [感謝] のように形のないもので徐々に身につけていく価値については，小学校では「ありたい」に近く，中学校では「ねばならない」に近い。ある程度身についたものとする中学生については，要求度が高くなるからだろう。逆に [友情] については，小学校ではまず友達という枠組みをつくって，その中で友達としての意識を育てながら友達がいることの素晴らしさについて考えさせていくが，中学校では選別が済んだ本当の友達との関係について見つめ，友情とは何かを考えさせることになる。となれば，小学生には「友達なんだから仲よくしなさい」であり，中学生には「仲よくできるといいね」となるのである。

　「人との関わり」については，自分がいかに努力しても，相手次第でうまくいったりいかなかったりすることも多い。小学校高学年，中学生になるとそのこともわかってきて，どうせうまくいかないのだから，努力しても無駄と考えることも多くなる。うまくいかないことの先に大きな喜びが待っているのであり，そこが授業をする上でのポイントなるだろう。

【小学校低学年（1年）の教材研究実践プラン】

1 「こんなときなんていうの」

『しょうがくせいのどうとく1』（廣済堂あかつき）
［礼儀］

1 教材の概要

第1学年の入学したばかりの時期に設定されている，イラストでいろいろな挨拶や声かけの場面を示したものだけで構成されているものの一つである。挨拶の言葉（文字による表示）はないので，「こんなときなんていうの」という問いを教材のタイトルで成り立つ教材である。

イラストに当たる挨拶や声かけとしては，「いってきます」，（止まってくれた車に）「ありがとう」，（友達に）「おはよう」，（先生に）「おはようございます」，「あそぼう」，「いただきます」，（廊下でぶつかった子に）「ごめんなさい」，「バイバイ」，（下校中に出会ったおばあさんに）「こんにちは」，「ただいま」，「ごちそうさまでした」，「おやすみなさい」というように朝，学校に出かけるときから就寝するまでの時系列に並べられている。

2 視点1 道徳的価値を考える

含まれる価値について

本教材が内包する道徳的価値は，中心となる内容項目の［礼儀］のほか，B［感謝］，［思いやり］，［友情］，C［家族愛］，［集団生活の充実］が考えられる。このうち，［友情］，［家族愛］，［集団生活の充実］については，児童の［礼儀］の向かう先との関係について考えるものであり，本教材で［礼儀］に関連させて考えるものとしては，［感謝］，［思いやり］としてよい。

対象となる低学年の［礼儀］の内容は，「気持ちのよい挨拶，言葉遣い，

動作などを心掛けて，明るく接すること」となっていて，低学年ではあっても［礼儀］の行為面の挨拶や言葉遣い，動作もともかく，気持ちを込めたものであることが求められている点を重視するならば，［感謝］や［思いやり］と関連づけながら授業を考える必要があることも納得できるだろう。

道徳的価値どうしの関係

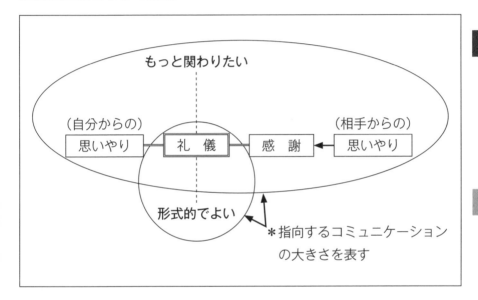

実践に向けてのポイント

　現代社会を見ると挨拶が形式的なものになってしまっている感がある。その場合，挨拶は最低限のコミュニケーションを保とうとするものとなっている。一方，相互からの［思いやり］や［感謝］の気持ちを伝えようとする挨拶は，相手ともっと関わってよりよい関係を築こうとするコミュニケーションを指向したものである。イラストの背後にある人々の思いをくみ取り，その挨拶にどういう思いが込められたものであることがふさわしいかを1年生なりに考えさせたい。

3 視点2 本音と建前を考える

建前

・挨拶すると心が温かくなるね。笑顔になれるよ。

〜〜〜〜〜〜〜〜〜〜〜〜〜〜〜〜〜〜〜〜〜〜〜〜〜〜〜〜〜〜〜〜〜

・挨拶はとても大切なものだから，しないといけない。
㊕挨拶した方がいいのはわかるけど，何のためにするんだろう？
・挨拶はいつもしてるよ。普通のことだから。
・挨拶しなさいって言われるからしてるよ。
・恥ずかしいから，したくないな。
・めんどくさいな。しなくてもいいんじゃないかな。

本音

本音と建前を生かすポイント

　家庭環境や育ってきた経験によって，挨拶に対する思いも行動も異なる。この多様な表れがあるという実態をふまえて，どう授業を展開したらよいか。建前として「挨拶は大切だ」と考えているからといって，挨拶の本質や挨拶のよさがわかっているわけではない。本音の部分で「挨拶なんて，めんどくさい」と思っている児童もいる中で，分岐点である「何のために挨拶するのだろう」という児童の疑問を軸に授業を進めたい。

　そのときに重要なのが，1年生にとっての挨拶とは？　ということである。中・高学年の児童にとっての挨拶と，中学生にとっての挨拶，大人にとっての挨拶の意味も微妙に異なる。1年生は，そういう挨拶を生きていくための術として使っている以前の段階にあり，ただ言われるままにしていることも多い。いわば，挨拶の入門期である。そこで，挨拶という行為に建前や形式性が入り込む前の低学年の段階で，「必要性」よりもむしろ，「よさ」について考えさせる機会としたい。

4 視点３ 課題と授業展開を考える

目標

挨拶をすることの意味を考えず何となく挨拶をしている児童が，挨拶の言葉の意味を考えることで，挨拶の奥に込めた気持ちを考えることができる。

課題（発問・指示）

①それぞれの絵では，何と言っているのでしょう。また，自分がよく言っている挨拶に○をつけてみましょう。

教材のタイトルと同じ内容の発問である。イラストに描かれている状況を考えて，適切な挨拶や言葉かけを考える活動である。さらに，自分に身近な挨拶に印をつけることで，挨拶が自分たちの生活に身近なものであることを意識することができ，挨拶について考えるきっかけとなる。

②なぜ挨拶をするのでしょう。隣の人と相談してみましょう。

㊟挨拶をしないとどうなるでしょう。

挨拶が心と心をつなぐ素晴らしいコミュニケーションの方法であることを考えさせたい。このことについて直接児童に問う発問である。挨拶をしなかったらどうなるのか。いかに殺伐とした雰囲気としたものになるのかを，１年生なりに想像し，隣同士で話し合いをする。

③頑張りたい挨拶を書きましょう。発表するときは，理由も話してください。

児童が選ぶ挨拶は，きっと児童が心を込めて挨拶の相手に届けたい挨拶である。心を届けたいという思いを持ちながら挨拶をすることの素晴らしさ，尊さをこの活動によって児童が自覚することができると考える。児童が話す理由が，理由になっていなくても認めてやりたい。

考え，議論するための工夫

・多様な学習形態をバランスよく

本時の展開では，①で一斉→個別→一斉，②でペア→一斉，③で個別→一

斉というように，学習形態の種類が多く，それらをバランスよく組み合わせることを心掛けている。１年生では，グループ学習はなかなか機能しにくいが，ペア学習を積極的に取り入れていくことでグループでの学習にも挑戦できるような態勢をつくっていきたい。

　本時のペア学習では，「話し合う」ではなく「相談」という言葉を使うことで，思いを出し合いやすいようにと考えた。「相談」することで知恵を出し合い，一人で考えるよりもよりよい，多くの考えをつくることができることを知る機会にもしたい。

展開

過程	学 習 活 動	留 意 点 等
わかる	○みなさんは，毎日挨拶をしていますか。どんな挨拶をしていますか。 ●めあてを確認する。 どんなときに，どんなあいさつをするのかかんがえよう。 ●教科書を見る。 ①それぞれの絵では，何と言っているのでしょう。また，自分がよく言っている挨拶に○をつけてみましょう。 ・「おはよう」は毎日言うよ。 ・車を止めた人に「ありがとう」は言ったことない。	○導入での簡単なやり取りによって，無意識にしている挨拶について考えるスイッチを入れる。 ○拡大したイラストを黒板に貼り，説明させながら進める。 ○教科書のイラストでどういう挨拶をしているかと共に，どういう気持ちで言っているかも話すことができたらほめてい

つなぐ	②なぜ挨拶をするのでしょう。 ㊙挨拶をしないとどうなるでしょう。 　（まず隣同士のペアで相談し，考えたこと 　を発表しながら，意見をつなげていく。） ・挨拶すると気持ちがいいから。 ・笑顔になれる。 ・挨拶しないと，しーんとしてさびしい。 ・仲よくなれない。	く。 ○１年生には，挨拶 の意義を考えるのは 難しいので，挨拶が なかったらどうなる かを考えることの裏 返しとして，挨拶に ついて考えさせたい。
生かす	③頑張りたい挨拶を書きましょう。発表する 　ときは，理由も話してください。	○頑張りたい挨拶を 決められたことを認 めてやりたい。

5 　視点4　評価を考える

観点 ＼ 尺度	わかる	つなぐ	生かす
頑張りたい挨拶を書き，その理由を話す。	・頑張りたい挨拶とその状況について書いている。	・頑張りたい挨拶について，なぜそう思うのかを話すことができる。	・頑張りたい挨拶について，これまでの自分と現在の思いを関係づけ話すことができる。

第2章　4つの視点でできる！　小・中学校定番教材の教材研究実践プラン　79

【小学校中学年（４年）の教材研究実践プラン】

2 「心と心のあく手」

『小学どうとく　生きる力４』（日本文教出版）
[親切，思いやり]

1 教材の概要

　はやと（ぼく）は，下校中に重そうな荷物を持って大変そうに歩いているおばあさんを見かけ，荷物を持ちますと勇気を持って声をかけるが，大丈夫と断られてしまう。せっかく声をかけたのにと，残念に思う。帰宅して，母親からおばあさんがリハビリの最中であったことを聞く。

　人に親切にしたいという気持ちは誰にもある。実際に，勇気を持って行動に移すことも多いが，時としてその行為を相手に受け入れられず，複雑な思いを抱く結果になることもある。どうぞ→ありがとう→どういたしまして，で丸く収まるはずの雰囲気がそうならず，不安定な空気の中に共にいることの気まずさ，恥ずかしさ，いたたまれなさなどの思いである。この「複雑な思い」を乗り越え，「それでも，してよかった」，「次もまたしたい」と思うはやとの思いについて考えさせられる教材である。

2 視点1 道徳的価値を考える

含まれる価値について

　本教材が内包する道徳的価値は，中心となる内容項目の［親切］とB［思いやり］，D［よりよく生きる喜び］である。シンプルな価値の構成だが，善意ある生活を営みたいと思っている私たちにとって日常生活では意外と多いことかもしれない。［思いやり］の心から，［親切］な行動を心掛け，それが自分にとって［よりよく生きる喜び］であると確信しながら生きている。

特に，［よりよく生きる喜び］は，自己の内部での弱さを乗り越えた先にある強さによって見出せるように描かれているが，その喜びは，他者への働きかけに対する満足感によって得られることが多いのが実際のところである。

本教材は，「そうしたい」と思う自分の心と相手の思いの間で生ずる葛藤を題材としており，［思いやり］とは何かを児童に考えさせるには格好の教材であると考える。

道徳的価値どうしの関係

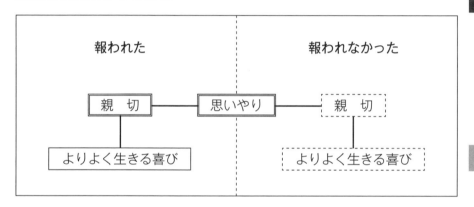

実践に向けてのポイント

［思いやり］を行動で示したものである［親切］が，相手に受け入れられた場合，つまり，［思いやり］の心が報われた場合には，素直に［よりよく生きる喜び］を感じ取ることができる。なぜなら，［親切］という行動に移すとき，悩んだ末に思い切って行動することも多いからである。

はやとの場合は，結果的に報われなかったのであるが，母から伝えられたおばあさんがリハビリの一環として頑張って歩いているという事実を聞いたことにより，「声をかけてよかった」という気持ちになり，［よりよく生きる喜び］を感じることができる。相手に受け取られなくても「よかった」と思うのはなぜかを考えるところに，この教材のポイントがある。

3 視点2 本音と建前を考える

| 建前 |
| ・たとえ相手が受け取らなかったとしても，相手にとってよいと思うことはすべきだ。 |

・断られたのは残念だけど，はやとのしたことは素晴らしい。
㋕はやとは，お母さんの話を聞いてなぜ納得したのかな？
・親切にしようとしても，断られるんだったら，自分はしない。
・恥ずかしいから，声をかけることはできない。
・何もしなければ，そんな思いをしなくてもすむ。

| 本音 |

本音と建前を生かすポイント

　「たとえ相手に受け取られなかったとしても，相手にとってよいと思うことはすべきだ」という建前は，極めて理想値に近いものであり，客観的に判断するのならこういう思いになること自体は少ないと思われる。しかし，実際にそういう場面に遭遇するとしたら，［思いやり］の向かう対象への親しみや慈愛，共感，同情などの気持ちにより，「この思いが形にならなくても」という思いになるのではないだろうか。そうだとすれば，はやとの思いを共有し，真の［思いやり］とは何かを考えるには，はやとに共感しながら考えていくことが欠かせないだろう。

　「断られたのは残念だけど，はやとのしたことは素晴らしい」といった肯定的な考え方から，「親切にしようとしても，断られるんだったら，自分はしない」とか「何もしなければ，そんな思いをしなくてもすむ」といった否定的な考え方まで幅広い考えの児童がいる中で，両者が分岐点である「はやとは，お母さんの話を聞いてなぜ納得したのかな」という同じ疑問に向き合うことで，はやとの思いに迫っていくことができるだろう。

4 視点3 課題と授業展開を考える

目標

　[親切]や[思いやり]は相手に何をしてあげられるかという結果が大事だと考えている児童が，おばあさんに「いいですよ」と言われたことについて，その直後と，「ほんとうの気持ち」がわかったような気がしたときを比べて気持ちを考えることにより，人を思いやる心について考える。

課題（発問・指示）

①親切にしようとしたのに「いいですよ」と言われて，はやとはどんなことを思ったでしょう。

　単刀直入に思ったことを発言できる発問である。いいことをしようと思ったのに，受け入れてもらえなかった気持ちを素直に表出させたい。

②おばあさんの「ほんとうの気持ち」とは，どんな気持ちでしょう。

　おばあさんの事情を知ったはやとの立場に立っておばあさんの思いを想像することで，はやとに共感しながら考えていくきっかけをつくる発問である。自分の体を治したい気持ち，声をかけてくれてありがたく思う気持ち，断らなければならない辛い気持ち，はやとに申し訳ないと思う気持ちなど，多様に捉えさせたい。

③おばあさんの「ほんとうの気持ち」を知ったとき，はやとは，おばあさんに「いいですよ」と言われたことをどう考えていたでしょう。

　このことを考えることは，建前（理想）と本音（現実）の分岐点である「はやとは，お母さんの話を聞いてなぜ納得したのかな」という疑問について考えることにつながる。いろいろな理由が考えられるので，その子なりの言葉で表現することで，[親切]や[思いやり]について考えた本時の時点での結論としたい。

第2章　4つの視点でできる！　小・中学校定番教材の教材研究実践プラン　83

考え，議論するための工夫

・[思いやり] の向かう先（おばあさん）の思いをグループで捉える

　主人公であるはやとではなく，はやとの申し出を辞退したおばあさんの思いは，はやとの思いを考える上で重要な材料となる。そこで，グループで考えを出し合い，さらに全体の場で整理することで，共有することができる。

・同じ出来事に対するはじめと終わりの主人公の思いを比較して考える

　①と③は同じ出来事に対するはやとの思いを考えさせる発問である。①を考えておくことで，③では違いを考えながら考えをまとめることができる。また，幅広い意見が期待できるので，まずは考えを書かせておき，それを基に交流することで，それぞれの考えを大事にしていく。

展開

過程	学　習　活　動	留　意　点　等
わかる	○困っている人を見たら，どうしますか。 ●教材を読む。 　イラストであらすじを確認する。 ●めあてを確認する。 　本当の親切について考えよう。 ①親切にしようとしたのに「いいですよ」と言われて，はやとはどんなことを思ったでしょう。 ・せっかく声をかけたのに。 ・損した気分だ。	○困っている人がいれば，助けるのが当たり前ということを確認しておく。 ○親切にしようとしたのに気持ちを受け止めてもらえないはやとに共感するための発問である。その子なりの表現で発言を引き出したい。
つ	②おばあさんの「ほんとうの気持ち」とは，	○グループで考える

84

なぐ	どんな気持ちでしょう。グループで話し合いましょう。 ・本当はお願いしたいんだけど，体を治さなくてはならないの。ごめんね。 ・ありがとう。その気持ち，うれしいよ。	ことで，おばあさんのいろいろな思いを捉えられるようにしたい。 ○全体で意見を出し合い，板書にまとめる。
生かす	③おばあさんの「ほんとうの気持ち」を知ったとき，はやとは，おばあさんに「いいですよ」と言われたことをどう考えていたでしょう。考えを書いて話し合いましょう。 ・何もしてあげられなかったけど，声をかけてよかった。 ・おばあさん，早く元気になるといいな。	○同じ出来事に対する気持ちであっても，相手の思いを理解することで大きく変わることを実感させたい。 ○感じたことをそれぞれの言葉で書こう，声かけをする。

右端縦書き：
A 自分自身
B 人との関わり
C 集団や社会との関わり
D 生命や自然、崇高なものとの関わり

5　視点4　評価を考える

観点＼尺度	わかる	つなぐ	生かす
「ほんとうの気持ち」を知ったとき，「いいですよ」と言われたことについてどう考えていたかを書く。	・自分がしたことはいいことだったんだ，という視点で書いている。	・自分の申し出を断ったおばあさんの辛い気持ちにまで思いを巡らせて書いている。	・本当の親切や思いやりについて，はやととおばあさんの気持ちをふまえながら書いている。

第2章　4つの視点でできる！　小・中学校定番教材の教材研究実践プラン　85

【小学校高学年（5年）の教材研究実践プラン】

3 「すれちがい」

『みんなのどうとく5年』（学研）ほか
[相互理解，寛容]

1 教材の概要

　　よし子とえり子は親しい友達で，ピアノのおけいこに一緒に行く約束をする。公園で待ち合わせすることになっていたのだが，えり子は急な来客がありスーパーでの買い物を頼まれてしまい遅くなってしまう。結局待ち合わせの時間が来てもえり子が来なかったので，よし子は一人で先に向かい，遅れてきたえり子に厳しい態度で接する。この状況が，よし子の立場とえり子の立場に分けて書かれている点が本教材の特徴である。

　　どちらにも落ち度がないわけではないが，タイミングさえ合っていればこういうことにはならなかったから，まさに「すれちがい」である。それが，二人それぞれの視点から書かれていることにより，一層際立っている。

2 視点1 道徳的価値を考える

含まれる価値について

　　本教材が内包している道徳的価値は，中心となる内容項目である [相互理解，寛容] のほかに，同じBの視点の [思いやり] や [友情，信頼] である。

　　よし子とえり子は親しい友達関係にあり，固い絆（[友情]）で結ばれているはずである。また，お互いに相手のことは大事に思っており，[思いやり] の気持ちも十分にあったに違いない。それにもかかわらず，である。

　　近い関係でなければ「すれちがい」が起こりうることは想像しやすいが，近い関係であっても「これくらいのことわかっているはず」という思い込み

があればかえって起こりやすいのである。

道徳的価値どうしの関係

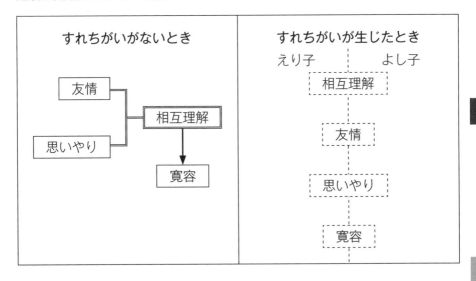

実践に向けてのポイント

　道徳的価値自体はシンプルでわかりやすいが，なかなか整理しにくい。それは，「すれちがいがないとき」と「すれちがいが生じたとき」で当事者同士の関係は一変するからだ。それまで機能していた［友情］や［思いやり］が全く機能しなくなるのである。［相互理解］を支えていた［友情］や［思いやり］が，［相互理解］が成り立たなくなると影も形もなくなってしまい，［寛容］な対応もできなくなる。

　寂しい言い方だが，［友情］は５年生の児童にとっては，よいときに機能するものなのである。だから，そういう状況になることをどうしたら防ぐことができるかを考えさせることが，授業のポイントでもあるが，彼らにとっては日常生活を送る上での重要な課題についても考える機会となる。

3　視点2　本音と建前を考える

建前

・お互いに少しずつ譲り合えば，こんなことにはならないのに。
・相手のことを信じていれば，何か事情があるはずって思える。

・話し合えばきっとわかってもらえるはずだ。
㊗二人とも悪くないのに，なぜこんなことになったのだろう？
・えり子さんがちゃんと連絡すればよかったんだ。
・よし子さんが勝手に怒っているだけだ。
・くだらないけんかだ。どうでもよい。

本音

本音と建前を生かすポイント

　建前と本音を見ると，いずれも「どうしたらすれ違いを防ぐことができたか」を考えるものであり，児童の思考はここに集中する。否定的な児童はどちらが悪かったかを考え，肯定的な児童は寛容な言動を求めるという構図である。二人の間の出来事を客観的に見れば，あのときよし子（えり子）がこうすればよかったのに，と関係を悪化させない方法を簡単に見出すことができるが，実際の生活の中ではそう簡単によりよい方法を取ることができない。

　どちらが悪いかを考える立場については，結果論でしかないし，寛容を求める立場については，どうしたら［寛容］になれるのかを考えることをスキップしている。例えば，よし子が，「えり子さんはいつも時間を守るのに。何かあったの？」と聞けば，えり子は「実は〜〜だったの」と答え，事は丸く収まるのであるが，そのような心持ちにいかにしたらなれるのかを考えさせることができるような学習課題と学習活動を考えていきたい。

4 視点3 課題と授業展開を考える

目標

　「すれちがい」はなぜ起こったのかを結果からあれこれと考えている児童が，それを基にどうしたら「すれちがい」を防ぐことができたのかを考えることで，心に余裕を持つにはどうしたらよいかを考えるようになる。

課題（発問・指示）

①よし子（えり子）は，なぜ嫌な気持ちになったのだろう。

　この発問では，出来事を全て知る者の立場からいろいろな問題を洗い出すことで，まずは問題の解決を頭で考えていく。こうすれば仲よくできるし，そうしないとけんかになってしまうということはわかりきったことなのに，思い通りにならない現実を直視するきっかけにもなると考える。

②どうしたら二人はいやな思いをしないですんだか考えよう。

　ここでは，児童から出された意見を，よし子，えり子，すれちがいの前と後に分けて整理し，時と場合によってどうすればよいかが異なることを自然と考えるようにする。相手の気持ちを大事に考えることを促す発問である。

③隣の人と，ピアノ教室で会ったよし子とえり子を演じてみよう。

○まず，演じてみよう。

○何と声をかけるのがよいか話し合ってもう一度演じてみよう。

○そう言うときのそれぞれの気持ちを考えて書こう。

　実際に二人を演じ，形だけの台詞では相手の心に届かないことを感じながら，さらにどうしたらよいかを話し合い，見出していく。最後の書く活動では，真の［相互理解］のためには何が必要かということにまで迫ってほしい。

考え，議論するための工夫

・2部仕立てになっている教材について分担して考える

　よし子とえり子に分けて書かれていることを生かし，それぞれの人物につ

第2章　4つの視点でできる！　小・中学校定番教材の教材研究実践プラン　89

いてまずは分担して考えることで，導入の時間を短縮し，展開での話し合い
を充実させる。また，分担することで，それぞれの立場に立ち「自分は悪く
ない」という思いを持って考え，「すれちがい」を体感しながら学ぶことに
つなげる。

・二人で知恵を出し合って経験を補う

　ペアで役割演技に取り組んだ上で，どうすることが互いにとってよいのか
を話し合い，よりよい関わり方を考えることにつなげていく。私たちは日常
の多くを経験や感覚で対処しているが，ときどき立ち止まってじっくり考え
ることで，そこに冷静な道徳的判断を取り入れることができる。

展開

過程	学 習 活 動	留 意 点 等
わかる	●えり子とよし子という仲よしの二人について，今日は考えてもらいます。（資料とワークシートを配付する） ①よし子（えり子）はなぜ嫌な気持ちになったのだろう。	○児童の半分によし子の資料を，半分にえり子の資料を配付し，各自で読ませる。（TTの教師がいる場合は，2グループに分かれて読み聞かせる） ○二人がそれぞれ嫌に思った理由をはっきりさせておく。
つなぐ	●全文を読む。 ●めあてを確認する。 ②どうしたら二人はいやな思いをしないですんだか考えよう。	○課題について考え，発表する。よし子，えり子，すれ違いの前と後に分けて整理して板書することで，「すれちがい」を生

90

		前	後	
生かす	よし子	・電話すればよかった。	・まず,「どうしたの?」って聞く。	じさせないチャンスが何度もあることに気づかせたい。
	えり子	・お母さんに連絡しておいてもらう。	・(言い訳をしないで)「連絡できなくてごめん」と言う。	

③隣の人と,ピアノ教室で会ったよし子とえり子を演じてみよう。
○まず,演じてみよう。
○何と声をかけるのがよいか話し合ってから,もう一度演じてみよう。
○そう言うときのそれぞれの気持ちを考えて書こう。

○役割演技をし,よりよい関わり方について,ペアで追究する。声かけとその時の心情をセットで考えられるようにする。
○互いに少しの余裕を持ち円滑な関係づくりをしようとする気持ちを言葉にしていく。

5 視点4 評価を考える

観点 ＼ 尺度	わかる	つなぐ	生かす
何と声をかけたらよいかを考え,そのときのそれぞれの気持ちを考えて書く。	・相手への言葉によって,どういう相手の反応があるかを表現している。	・相手への言葉の奥にある,相手への気遣いの気持ちを表現している。	・相手への言葉の奥に,自分だったらと,相手への気遣いとをつなげて表現している。

第2章 4つの視点でできる! 小・中学校定番教材の教材研究実践プラン

【中学校の教材研究実践プラン】

4 「カーテンの向こう」

『中学道徳　心つないで3』（教育出版）
[思いやり]

1 教材の概要

　死を待つだけの重症患者の病室での話である。重苦しい雰囲気の病室での唯一の楽しみは，部屋にただ一つの窓の側のベッドにいるヤコブが，カーテンの向こうに見える様子を話してくれることだけだった。みんな窓の外を見たがったが，ヤコブは決して譲ろうとしなかった。そんなヤコブを妬むようになった「私」は，いつしか早くヤコブが死ねば，次は自分が窓の外を見る番だとも思うようになった。そして，ついにそのときが来た。ヤコブが死んだのだ。喜びと期待を胸にカーテンを開けた「私」がカーテンの向こうに見たものは，冷たい煉瓦の壁だった。

　結末を知るまでは，ヤコブのかたくなな態度ゆえ「私」の妬む気持ちもわからないではないと思うのだが，結末を知った瞬間，ヤコブの，病室の気の毒な患者たちを思う優しい気持ちに読み手である私たちも圧倒される。

2 視点1 道徳的価値を考える

含まれる価値について

　ヤコブを中心に考える場合の道徳的価値は，[思いやり] やA [強い意志]，C [集団生活の充実]，そして，D [よりよく生きる喜び] である。一方，「私」を中心に考えた道徳的価値は，B [相互理解] とD [感動] である。

　ヤコブ自身，重病に冒されているのに同室の仲間のために演技し続けた，その源となっている道徳的価値は何かと考えてみると，強い [思いやり] が

［強い意志］を引き出しているようにも思えるし，逆に［強い意志］が［思いやり］のもとになっているようにも思える。いずれにしても，大きな［思いやり］の心と，中傷にも負けない思いを貫き通す［強い意志］の両方が備わっている。

道徳的価値どうしの関係

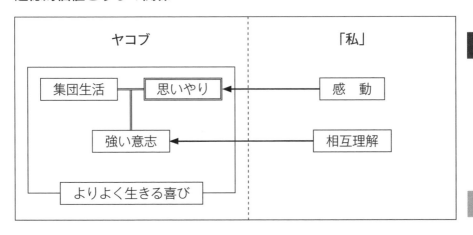

実践に向けてのポイント

　当然ながら，本時の中心となる内容項目である［思いやり］について追究していくのであれば，ヤコブの行動とそれに驚き感動した「私」の思いを添わせていくことになる。「私」の妬みや憎しみの気持ちがどうして［感動］に変わっていったのかを追究することで，悪者になっても仲間に対する［思いやり］を貫き通したヤコブに迫ることができるだろう。

　また，ヤコブのその行動は，ヤコブ自身にとって［よりよく生きる喜び］につながっていたのだと考えられる。彼がなぜそのような行動をしたのかは，もちろん仲間を支えるためではあるが，見方を変えれば，人の役に立つことで生きていることの意味を感じた，生きている証でもある。自らの生き方を考え始める中学生に，ぜひ考えてもらいたい点である。

3 視点2 本音と建前を考える

建前

ヤコブに関する視点	「私」に関する視点
・ヤコブのように悪者になっても人のことを考えられたら…。	・ヤコブの気持ちがわかって「私」も同じようにするだろう。
・ヤコブはすごい。 分なぜ，ヤコブはこんなことができたのだろう？ ・自分は，ヤコブのようにはできない。 ・みんなに嫌われてまでするのはおかしい。	・「私」はこの後，どういう行動を取るのだろう？ ・「私」には，ヤコブと同じようにはできないかもしれない。 ・自分でも「私」と同じように思ったかもしれない。 ・「私」は最低の人間だ。

本音

本音と建前を生かすポイント

　生徒のヤコブに対する思いのうち，多くを占めるのはおそらく「ヤコブはすごいけど，ヤコブと同じ状況だったら同じようにはできないだろう」というものだろう。ヤコブの行動の真意を知った「私」であっても，ヤコブの跡を継いで同じようにできるかは疑問である。

　もちろん，ヤコブの行動は，[感動]を私たちに与えるほど崇高なものであり，簡単な気持ちで真似のできることではないだろう。また，そうとは知らずにヤコブのことを悪く思った「私」の心も強く非難されるほどのことではないと言えるかもしれない。そう考えれば，本教材で[思いやり]に迫る上での落としどころは，ヤコブに関する視点での分岐点である「なぜ，ヤコブはそんなことができたのだろう」ということになるのではないだろうか。「私」に視点を当てて，「この後どういう行動を取るだろう」かを考えても，迫りきることはできないのである。

4 視点3 課題と授業展開を考える

目標

　ヤコブの行動は次元の違うものだと捉えている生徒が，なぜヤコブはこのようなことができたのかを考えることで，相手の身になって何をしてあげたらよいかということの重要性を考えるようになる。

課題（発問・指示）と意図

①自分がヤコブだったら，同じようにできたでしょうか。

　自分だったらできるかという主観的な思考により，ヤコブの置かれた状況やそこで取った行動が日常的なレベルにはないことを改めて確認する。こうすることで，「私」に対する非難に生徒の思考が集中せず，ヤコブのすごさについて焦点化していくことができる。

②なぜ，ヤコブはこのようなことができたのでしょう。

　このことについて考えることにより，[思いやり]を実行しようとする気持ちはどのようなものかを考えることができる。やさしさや強さ，何かを犠牲にすること，生きがいなど幅広い価値観について考えさせたい。

③ヤコブの「思いやり」について，自分の考えを書こう。

　「自分や友達」の[思いやり]では，中学生には書きづらいと考えるので，ヤコブについて考える中で間接的に自分について述べることで，より真意に迫る活動としたい。

考え，議論するための工夫

・グループでの話し合いから全体での共有へ

　②の課題についての追究場面では，まずグループで話し合いをすることで，意見の広がりを実感できるようにする。多様な意見を求める場合には，ラウンド・ロビンのような形のグループでの話し合いをするとよい。教師の介入が少ないグループでの活動では，型にはまらない意見を出し合える。その後，

第2章　4つの視点でできる！　小・中学校定番教材の教材研究実践プラン　95

A　自分自身

B　人との関わり

C　集団や社会との関わり

D　生命や自然、崇高なものとの関わり

全体での共有の場で，質問などし合うことで深める話し合いを行う。

・まとめの段階では書いたものを自由に読み合い共有する

　③の課題について，まとめとして書く活動をする。書き終わったら全体で発表し合うこともよいが，自分自身のことも含まれ，話したがらない生徒も多いと思われる。そこで，近くの席の生徒同士で自由に読み合い，コメントを述べ合うことをもって共有の活動としたい。

展開

過程	学 習 活 動	留 意 点 等
わかる	●教材を読む。 　ヤコブ，「私」の人物像についてペアで話し合い，その後発表する。 ●めあてを確認する。 　ヤコブの行動の意味を考えよう。 ①自分がヤコブだったら，同じようにできたでしょうか。 ・できるかもしれない。 ・できない。死にそうなのに，人のことまで考えられない。 ・そのうちにわかってしまうと思う。	○範読を聞いた後で，二人の人物像を大まかに捉えることで，内容の確認をする。 ○テーマについては曖昧さを残しながら，１時間を見通せるめあてを設定する。 ○本時はヤコブの行動について考えること，自分に置き換えてみると，非常にレベルの高い行動の仕方であることを各自が主観的に考える中で捉える。ここでは，できないことは恥ずかしいことではないので，思っていることを多くの生徒から

| つなぐ | ②なぜ，ヤコブはこのようなことができたのでしょう。
　（まずグループで話し合い，その後全体で共有していく）
・仲間を元気づけたいと思ったから。
・喜んでくれてうれしかったから。
・やりがいを感じていたから。
・自分ももうすぐ死ぬんだけど，生きる喜びになって，頑張らなきゃと思ったから。 | 出させていく。
○自分たちができそうもないことを，重病のヤコブがどうしてできたのかというスタンスで考えると考えやすいことを助言する。 |
| 生かす | ③ヤコブの「思いやり」について，自分の考えを書こう。
・自分はそこまで人を思いやる行動をする自信はない。
・できる限りそうしたいとは思う。
・相手を大事に思う気持ち次第だと思う。 | ○賛否両論あってよいことを伝え，本時に考えたことを自由に書かせたい。書けたら近くの生徒と交流させる。 |

5 　視点4 　評価を考える

観点　　　尺度	わかる	つなぐ	生かす
ヤコブの「思いやり」について，自分の考えを書く。	・ヤコブの行動のすごさについて自分ができるかどうかについて触れながら書いている。	・ヤコブがそうしようと思った動機について考えながら思いやりのあり方を書いている。	・ヤコブがしたことを自分たちの日常に当てはめ，どう行動したらよいかを書いている。

A　自分自身

B　人との関わり

C　集団や社会との関わり

D　生命や自然、崇高なものとの関わり

第2章　4つの視点でできる！　小・中学校定番教材の教材研究実践プラン　97

C 主として集団や社会との関わりに関すること

　小学校では，［規則の尊重］［公正，公平，社会正義］［勤労，公共の精神］［家族愛，家庭生活の充実］［よりよい学校生活，集団生活の充実］［伝統と文化の尊重，国や郷土を愛する態度］［国際理解，国際親善］が，中学校では，［遵法精神，公徳心］［公正，公平，社会正義］［社会参画，公共の精神］［勤労］［家族愛，家庭生活の充実］［よりよい学校生活，集団生活の充実］［郷土の伝統と文化の尊重，郷土を愛する態度］［我が国の伝統と文化の尊重，国を愛する態度］［国際理解，国際貢献］が位置づけられている。

　「集団や社会」の場合は，そのときに属するあるいは居合わせた集団によって行動の仕方を変えなければならないことが少なくない。それは，ある道徳的価値を実現しようとするとき，一つの正解に収束できることが少ないということである。［よりよい学校生活］と言っても，何をもってよりよいと考えるかは，児童・生徒によって様々だろう（教師間でも何かというと大きく見解が分かれるのだから，ご理解いただけるのではないかと思う）。あるいは，［勤労］については，20年くらい前までは終身雇用が原則だったが，現在は雇用形態も多様，働く側もいろいろな考え方を持っていて，何のために働くかといっても人それぞれということになる。

　このように，このCという視点は，多様な価値観の中で納得できる多様な答えを児童・生徒一人一人が出せるようにする必要がある。また，偏った狭い価値観の中で児童・生徒が集団や社会を捉えているとしたら，多様な価値観を示してやることができるものでなければならない。そうでなければ，特定の集団や社会の考え方を押しつける，偏った道徳教育になってしまう。

　内容項目の配列における小中学校の違いについては，いずれも発達段階をふまえてのことと考えられる。小学校では［規則の尊重］だが中学校では［遵法精神］となっている。小学校段階で［規則の尊重］ができるようにならないで，中学校で守れるようにすることの難しさを表しているし，中学校

では法治国家を意識し［遵法精神］を身につけることの必要性を示している。［勤労］についても，小学校では［公共の精神］と一体となっていて，みんなのために働くことのよさ，気持ちよさを学び，まずは他者のために働くことの尊さを身につける。中学校では，社会に出て行くことを前提とし，職業としての［勤労］についても考えるようになるということである。

　Cの視点の道徳的価値を，「ねばならない」ことと「ありたい」ことの座標軸によって整理すると次のようになる。

小			
規則の尊重，家族愛	公正，公平，勤労，家庭生活の充実，	社会正義,公共の精神,よりよい学校生活,集団生活の充実,国や郷土を愛する態度	伝統と文化の尊重，国際理解，国際親善
←ねばならない ——————————————————— ありたい→			
遵法精神，勤労，家族愛	公正，公平，(勤労)，家庭生活の充実	公徳心，社会正義，社会参画，公共の精神，よりよい学校生活，集団生活の充実	郷土・我が国の伝統と文化の尊重,郷土・国を愛する態度,国際理解,国際貢献
中			

「ねばならない」から「ありたい」まで幅広く分散しているのが，この視点の特徴である。「規則」は厳密に守らなければならないものに近く，よりよい集団や社会を目指す道徳的価値においては寛容であってよいものもある。Cの視点の道徳的価値では，厳密なものもあるが，自主性や自由が一定の役割を果たすものもあるということである。それをどう授業の中で認め，生かしていくかが問われることになる。

【小学校低学年（1年）の教材研究実践プラン】

1 「むかしあそび」

『かがやけみらい　小学校道徳1年』（学校図書）
［伝統と文化の尊重］

1 教材の概要

　第1学年の［伝統と文化の尊重］を扱う教材としては，本教材の「むかしあそび」のような，日常の中にある伝統的に引き継がれてきているものに脚光を当てているものは少なくない。

　本教材は，昔の遊びを通してお年寄りと交流をするという設定である。あやとりの技を知らないかずみたちは，すぐにあやとりに飽きてしまうが，交流したおばあさんにいろいろな技を見せてもらうことで，あやとりの魅力に引きつけられていく。同じように，ひろしたちもこま回しの楽しさに気づいていくという内容である。

　昔の遊びには，現在の小学生が虜になるゲームでのスリルやスピード感はないが，現代人の気づかない知恵やゆったりとした時空間などがある。できれば，1年生の児童に実際に昔の遊びを体験させながら，考えさせていきたい教材である。

2 視点1 道徳的価値を考える

含まれる価値について

　本教材が内包する道徳的価値としては，中心となる内容項目である［伝統と文化の尊重］のほか，C［国や郷土を愛する態度］，［国際理解］となる。

　この教材の学習においては，同じCの視点にまとめられている［伝統と文化の尊重，国や郷土を愛する態度］はそれぞれ別のものとして考えた方がよ

さそうである。[伝統と文化の尊重]の延長線上に[国や郷土を愛する態度]はあるが，二つの道徳的価値の間は，徐々に埋めていく方がむしろスムーズにつながると考えるからである。また，[伝統と文化の尊重]と[国際理解]は考え方で言えば逆向きのものだが，伝統と文化を尊重してこその[国際理解]であり，国や郷土を愛してこその[国際理解]であることを考えると，[国際理解]に向けた第一歩であると言えるだろう。

道徳的価値どうしの関係

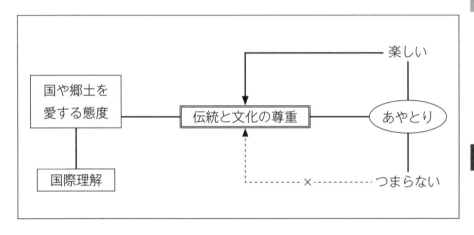

実践に向けてのポイント

　かずみたちが，当初あやとりをつまらないと思いすぐに飽きてしまったのは，一つの技しか知らず単調だったためである。それがおばあさんにいろいろな技を教えてもらったことで，魅力的で楽しいものになり伝統的な遊びのよさに気づくようになった。

　つまり，何でもかんでも古いものを尊重できるかと言えばそうではなく，1年生の児童なりに価値を認めることができれば尊重できるようになるのである。つまらないものを押しつけても好きにならない。教材中のかずみたちのように，楽しそうだなと思わせる工夫が必要である。

3 　視点2 　本音と建前を考える

```
建前
```

・昔の人が考えた遊びはすごい。いろいろやってみたい。

――――――――――――――――――――――――――

・体験学習でやったときは楽しかった。

・やってみたら楽しいかもしれない。

㉕なぜ昔の人たちはこの遊びをしたのだろう？

・おばあちゃんと遊ぶのは楽しそう。

・この前やってみたけど，楽しくなかった。

・昔の遊びなんてつまらない。ゲームの方が面白い。

```
本音
```

本音と建前を生かすポイント

　先に挙げた建前と本音をよく見てみると，実際にやったことがあるものと，やったことはないことが前提でやったらどうかなというものの二つに分かれる。実際の教室での授業でも，やったことのある児童とやったことのない児童では，「体験学習でやったときは楽しかった」という思いを持つ児童と「やってみたら楽しいかもしれない」と思う児童では，遊びに対する思いは異なるものになるだろう。

　分岐点の「なぜ昔の人たちはこの遊びをしたのだろう」という疑問に対してどういう答えを出すかということについても，経験のある児童は昔の人に共感しながら考えることができるが，経験のない児童は共感のしようがない。だから，教科書でいくら楽しいんだと強調されても楽しみを前提とした答えを出すことができない。同じ土俵に立てないということである。

　では，どうしたらよいか。経験がなくて考えられない，また読み物によって間接的経験もしにくい1年生の児童たちであれば，ちょっとしたことでよいので経験させ，その上で，学びに向かわせたい。

4 視点3 課題と授業展開を考える

目標

　昔の遊びの魅力がよくわかっていない児童が，実際にやってみた上で，なぜ昔の人はあやとりをして遊んだかを考えることで，魅力に気づき，興味を持つことにつなげる。

課題（発問・指示）と意図

①みんなで実際にあやとりをしてみます。「パッチンほうき」をやってみましょう。

　実際に体験することで，あやとりのよさを考える下地を児童の中につくる。特に，「パッチンほうき」は簡単で変化の大きいあやとりの技であり，児童にとっても魅力的であると考える。

②なぜ昔の人たちは，あやとりをして遊んだのでしょう。

　今と違って物質的に豊かではなかったが，ひも一本でも豊かな創造的な遊びができたことの素晴らしさを見出すような話し合いにしたい。また，友達と交互に取り合って進めるものは，ゲーム的に遊ぶこともできるなど，幅広く魅力を引き出したい。

③昔の遊びで，ほかにも楽しそうなもの，やってみたいものはありますか。

　本時の授業においては，昔の遊びを知ることが目指すところではなく，児童自ら興味を持って楽しもうとする中で，伝統的なもののよさに気づいていくことにある。したがって，いろいろな遊びの中から各自の興味に応じてやってみたい遊びとして取り上げられるようにしたい。

考え，議論するための工夫

・実際にあやとりを体験することでよさに気づく

　伝統的な文化は素晴らしいと言っても，そのよさがわからなければ大事にすることはできない。主人公のかずみたちが，実際にいろいろなあやとりの

技をおばあさんから教えてもらうことであやとりの魅力を知ったように，児童にも実際に体験させることで，考え深めるきっかけとしたい。

・ICT等を活用し，いろいろな昔の遊びを紹介する

　児童が興味を持つよう，画像や映像で昔の遊びを紹介したり，遊びに使う物の実物を示したりする。そこで，どんなところが楽しいかをペアで話しながら，自分がやってみたいこととしてまとめるようにする。

展開

過程	学　習　活　動	留　意　点　等
	●教材を読む。 　掲示したイラストを見ながら，お話の概要を話し，確認する。 ●めあての確認をする。 　むかしあそびの楽しさを見つけよう。	○題名だけ示し，知っている昔の遊びを挙げる。 ○楽しくなかった→楽しくなった，の変化を押さえておく。
わかる	①みんなで実際にあやとりをしてみます。「パッチンほうき」をやってみましょう。 ・先生すごい！　早く教えて。 ・ぼくにもできた！　意外と簡単だ。 ・不思議だな。面白い！	○一人一本ずつ，あやとりのひもを用意する。まず，教師がやって見せ，やり方を教える。できたら児童同士で教え合う。
つなぐ	②なぜ昔の人たちは，あやとりをして遊んだのでしょう。 ・一本のひもでできるから。 ・手だけでつくれて面白い。 ・次々に変わっていくところが面白い。 ・何人でもできるから，楽しい。	○楽しさの面，材料や遊ぶ場所などいろいろな面から考えられるよう，つぶやきを拾ったり，補助発問をしたりする。

104

（生かす）	・雨が降っていても，家の中で遊べる。	○挙げられたことを「昔の遊びのよさ」として板書でまとめる。
	●いろいろな遊びを紹介する。	○ ICT などを活用して画像や動画で紹介する。また，実際に使う物を提示する。
	③昔の遊びで，ほかにも楽しそうなもの，やってみたいものはありますか。 （ワークシートに理由と共に書く） ・こま回しは面白いよ。競争できる。 ・凧揚げで，空高くまであげたい。 ・カルタ取り，楽しそうだね。大勢の友達と一緒にできる。	○興味があるものを選んで，どういう遊びができるか，何人ぐらいで遊べるか，どんなふうに楽しいかをペアで話し合わせながら，考えをまとめさせる。

5　視点4　評価を考える

観点　　　　尺度	わかる	つなぐ	生かす
昔の遊びで，ほかにも楽しそうなもの，やってみたいものを理由と共に書く。	・楽しそうな様子を理由にして，やってみたい遊びを説明している。	・その遊びの工夫に目を向けて，工夫を生かすことを理由につなげて説明している。	

第2章　4つの視点でできる！　小・中学校定番教材の教材研究実践プラン　105

【小学校中学年（４年）の教材研究実践プラン】

2 「雨のバスていりゅう所で」

『わたしたちの道徳　小学校三・四年』（文部科学省）
[規則の尊重]

1 教材の概要

　雨降りの日によし子と母はバスに乗って出かけようと，バス停に行く。二人がバス停に行くと，既に何人かの人がバス停の前のたばこ屋の軒先で雨宿りしている。バスが来ると，よし子は雨宿りしながらバスを待っている人たちより先にバスに乗ろうとする。すると，主人公のよし子の肩を母親がつかんで列の最後尾に引き戻し，結局二人は座ることができなかった。よし子は恨めしそうに母親の顔をうかがうが，いつもの優しい母親の表情ではなく，よし子は自分の行動を振り返り始めるという内容である。

　日常生活の中では，どうしたらよいのだろうと悩んでしまう場合もときとして起こるが，そういう場合の一つであると考えられる。悪気がないよし子と腹を立てている母親を描くことで，よし子に近い立場の児童に一石を投じる教材である。

2 [視点1] 道徳的価値を考える

含まれる価値について

　本教材が内包する道徳的価値としては，中心となる内容項目である［規則の尊重］のほか，A［善悪の判断，自律］，［節度，節制］，［誠実］，B［礼儀］，［思いやり］C［公正，社会正義］，［公共の精神］など多岐にわたる。

　よし子の振る舞いは［思いやり］や［礼儀］の問題だとも考えられるし，［公共の精神］や［公正］の問題だとも考えられる。前者は，周りの人たち

106

への配慮の気持ちの有無によるものであり，後者は，決まりを守ろうとする気持ちの有無によるものである。この場合がどちらに当たると考えるかによって授業の展開も異なってくる。

道徳的価値どうしの関係

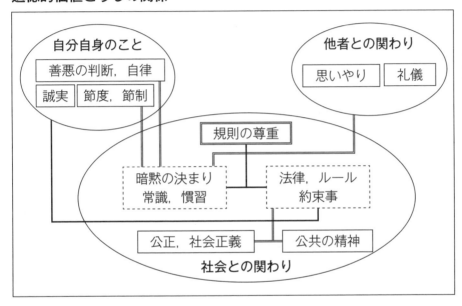

実践に向けてのポイント

　[規則の尊重]の「規則」については，大きく分けて法律やルール，約束事など決まり事となっていることと，暗黙の決まりや常識，慣習など守るべきとされていることとの二つがある。前者は守らなかった場合に罰則が伴うことが多く，後者は非難されることはあっても罰則まではない。そして，この教材の「規則」は後者であり，暗黙の決まりや常識といったものである。

　常識には，この教材での場合のように，[善悪の判断]が主観によって左右されるものが多い。母親の価値観との相違が際立っているのは，ここでの行動が他の人への配慮＝[思いやり]にかかっているからでもある。

3 視点2 本音と建前を考える

建前

・先に待っている人がいたのだから，並んでいなくても順番がある。決まりを守りたい。

・考えればわかることなのに。
・お母さんの考えは正しい。
㋑よし子は悪かったのかな？
・みんな並んでいなかったのだからいいのでは。
・大したことじゃないのに何で怒るのかな。

本音

本音と建前を生かすポイント

　軒先で待っていた人を先に並んでいたと見なすか，見なさないかで振る舞いは変わる。結果として，よし子は並んでいると見なさなかったから先に乗ろうとしたのであり，母親は，並んでいると見なしたからよし子の肩をつかみ，最後尾に引き戻したのである。

　児童の考えもよし子に近いもの，母親に近いものの両方があると考える。母親に近い考えの児童にとっては，よし子の振る舞いは一方的に非難されるものであり，その非難はよし子に近い考えの児童にとっては理解しがたいものであることが考えられる。両者の間のこの溝がそのままであれば，規則とは何か，なぜ皆で守っていく必要があるのかを考えることにはつながらない。かといって，よし子の考えに近い児童のみが決まりを守って順序よく並べばよかったと考え直せばよいのではない。母親に近い考えの児童とよし子に近い考えの児童の両方が，分岐点である「よし子は悪かったのかな」ということをもう一度考えることで，微妙な判断を迫られる決まりもあるのだということを共に考えることにつながる。

4 視点3 課題と授業展開を考える

目標

　よし子の振る舞いがよいのか悪いのか考えている児童が，母親の気持ちに納得できるかを考えることで，決まりとは何のためにあるのかを考えるきっかけとすることができる。

課題（発問・指示）と意図

①お母さんは，どんなことを考えているのでしょう。

　よし子の判断について児童に考えさせても，賛否の意見は平行線をたどることになる。そこで本時は，母親の思いを軸にしていく。まず，怒っている母親の腹立ちの原因を考えさせておく。母親の思いを考えることで，それまでの状況等をまとめることにもつながる発問である。

②お母さんの気持ちに納得することができますか。

㋹よし子は悪かったのでしょうか。

　よし子が怪訝に思った母親の思いや願いについて考えさせることが効果的と考え，①をふまえ，母親の願いに対する考えを持たせ，出させていく。さらに，「よし子は悪かったのか」という疑問について，議論させることで，2段階で規則とは何かを追究させていく。

③生活の中にはどんな決まりがあるでしょうか。その中から一つを取り上げて，なぜ守る必要があるかを書きましょう。

　いろいろな決まりを挙げさせ，その決まりを守る理由を考えさせることで，児童が，「これくらいいいだろう」と思うようなことも他の人の迷惑になることもあり，世の中の常識ではNO！　と言われることもあるのだということに気づいていくことになると考える。

A 自分自身

B 人との関わり

C 集団や社会との関わり

D 生命や自然、崇高なものとの関わり

考え，議論するための工夫

・母親の思いに納得できるかできないか，二つの立場に分かれて議論する

　立場を分けて議論する方法としてはディベートがあるが，一つの答えに絞るというよりもいろいろな考えを出させ，まずはオープンエンドの話し合いにし，その後の「よし子は悪かったのか」を考えることによって深めていくという2段階での話し合いを設定する。

展開

過程	学　習　活　動	留　意　点　等
わかる	●決まりってどういうものでしょう。 ・守らないといけないこと。 ・守らないと叱られる。 ・みんなが困らないためにあるもの。 ●教材を読む。 　イラストを使ってあらすじを把握する。 ●めあてを確認する。 　決まりについて考えよう。	○導入段階で，決まりに対して児童がどう思っているかを明らかにしておく。 ○イラストの二人の表情などにも注目させて，心情などにも触れながら話すようにする。 ○ざっくりとではあるが，本時の方向性を示すめあてを提示する。
つなぐ	①お母さんはどんなことを考えているのでしょう。 ・何で順番を守らないのかしら。 ・こんなこともわからないなんて。 ②お母さんの気持ちに納得することができま	○母親に共感するのが難しい場合は，客観的に考えさせていく。 ○できる，できない

110

	すか。	に分けて意見を出させていくが，まとめることはしない。自由に意見を出せる。
	\boxed{できる} \qquad \boxed{できない} ・決まりを守らない　・みんな並んでいないのはよくないから。　いからいいのでは。 ・恥ずかしいと思っ　・言ってあげればいている。　　　　　　いのに。	
	補 よし子は悪かったのでしょうか。 ・バス停のそばに並んでいないんだから。 ・見ればわかるんじゃないかと思う。 ・バスに乗らない人はそこにいないよね。	○悪かったとしたらどこが悪かったかを引き出し，それを基に自分たちだったらそれに気づくかどうかを考えていく。
生かす	③生活の中の決まりにはどんなものがありますか。その中から一つを取り上げて，なぜ守る必要があるかを書きましょう。 ・いろいろなことの順番を守る。 ・廊下は走らない。	○なぜ決まりがあるかを考えることで守る理由を捉えるヒントとしたい。

5 視点4 評価を考える

観点　　尺度	わかる	つなぐ	生かす
生活の中の決まりから一つを取り上げて，なぜ守る必要があるかを書く。	・決まりを守らない場合の結果から理由を考えている。	・他の人への思いやりや配慮から決まりを守る理由を考えている。	・決まりを守ることで，自分と自分の周りがどう変わっていくかを考えている。

A 自分自身

B 人との関わり

C 集団や社会との関わり

D 生命や自然、崇高なものとの関わり

【小学校高学年（6年）の教材研究実践プラン】

3 「星野君の二るい打」

『小学生の道徳6』（廣済堂あかつき）ほか
[集団生活の充実]

1 教材の概要

　町内スポーツ少年団の野球の試合，7回表まで同点の7回裏，最終回の攻撃でランナー1塁。星野は監督から送りバントをするよう指示される。今日はヒットのない星野だったが，次は必ず打てる確信があった。納得できないままに監督の指示を曖昧ではあるが受け入れバッターボックスに入り，打ちたい気持ちのあまり打ってしまう。結果的にヒットになり，この一打で勝負が決まった。翌日のミーティングで，監督から指示に従うという約束を破ったことにより，星野は大会の出場禁止を言い渡されてしまうという内容である。

　物語の構図としては，勝負とチームワークとでは，どちらを優先させるべきかというものである。監督は，監督就任の際に約束したこと，試合のときにも星野がバントの指示を受け入れたことを根拠としているが，星野と児童は納得するのか，というところがポイントになるだろう。

2 視点1 道徳的価値を考える

含まれる価値について

　本教材が内包する道徳的価値としては，中心となる内容項目である[集団生活の充実]のほか同じ「集団や社会に関する」C[規則の尊重]と，「自分自身に関する」A[自律]，[節度，節制]，[誠実]といった道徳的価値が挙げられる。

これを見ると［集団生活の充実］を中心とした「集団や社会に関する」道徳的価値に「自分自身に関する」道徳的価値が深く関わっているのではないかと考えられる。集団生活というと，とかく他者との関係ばかりを考えがちだが，個々人の真摯で自律的な姿勢こそが問われるのだということについても改めて考えておきたい。

道徳的価値どうしの関係

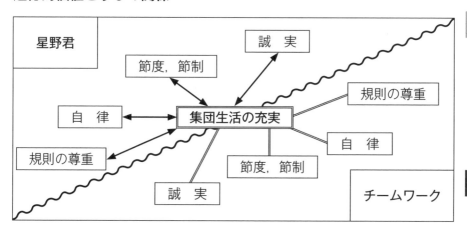

実践に向けてのポイント

　上の図を見てもわかるように，チームワークができている場合には，［集団生活の充実］と他の道徳的価値の関係は互いに支え合うような関係になっている。しかし，星野君の場合は，他の道徳的価値のどれもとも退け合う関係になってしまっている。他の道徳的価値が成り立たない状況では，［集団生活の充実］も成り立たないのである。

　そうだとすれば，児童に［集団生活の充実］について考えさせる上で効果的なこととして，実現していくためにはどのようなことを自分がしていくことが必要かを考えさせることが考えられる。よくしたいと思うだけでなく，各自の努力が重要ということである。

3 視点2 本音と建前を考える

建前

- 野球が強くなるよりも，チームワークを養うことが大切だ。
- 自分一人でやっているのではないから，チームワークは大切。

〜〜〜〜〜〜〜〜〜〜〜〜〜〜〜〜〜〜〜〜〜〜〜〜〜〜〜〜〜

- 一人が勝手なことをしたらばらばらになってしまうから，星野君のしたことはダメ。
- ㋡納得できないなら，どうしたらよかったのだろう？
- 罰が厳しすぎるんじゃないかな。
- ヒットを打ったのだから，そんなに攻めなくてもいいのでは。
- 勝つためのチームプレーじゃないの。勝ったんだからいい。

本音

本音と建前を生かすポイント

　星野君がしたことの是非について児童に問うたとしたら，ほとんどの児童がよくなかったと答えるだろう。星野君のしたことがよくないことは，ほぼ全員わかっている。しかし，星野君がチームワークを乱したことで，大会への出場を禁じられるほど悪いことをしたと考える児童は多くないだろう。そういう実態を捉えて，どうすればよいかを問えば，簡単に「監督の指示に従う」という答えにたどり着くが，それでは安直に建前を言っているに過ぎない。チームワークの重要性をしっかりと認識した上で，主体的にチームに関わっていくことを考えさせることが，より重要である。

　監督は，指示をいったん認めたのに従わなかったことでチームワークを乱したと言っている。承服できるときばかりではないことはわかっているのだ。指示に納得できないときは，どうしたらよいかを考えることは，民主的に物事を進める中でのチームワークの大切さに気づいていくためにも大切な活動となる。

4 視点3 課題と授業展開を考える

目標

星野君の行動とそれに対する監督の評価から，チームワークは大切だと考えている児童が，そのような状況で星野君がどうすればよかったかを話し合うことで，チームへの関わり方を考えるようになる。

課題（発問・指示）と意図

①チームワークについてどう思いますか。

本教材では明確な正解が提示されている。この発問に対しても，「大事だ」と答える児童が多いと思われるので，「結果を出せたのならいいと思いませんか」と切り返すことで，わかっている結論について，もう一度考えさせるようにする。

②星野君はどうすればよかったと思いますか。

㊙指示に納得できなくても，従うべきでしょうか。

①の発問により，チームワークが何のためにあるかを考え始めている児童に対し，どうしても打ちたい星野君が，自分の願いとチームプレーの間でどうすればよかったかを考えさせる。「指示に納得できなくても，従うべきでしょうか」と補助発問をし，まず，ペアで話し合いをすることで，それぞれの考え方を明らかにさせる。その後，全体で意見を出し合い，意見の一つ一つを順に検討していき，自分だったらどうするかを選択させる。

③生活の中でのチームワークを探そう。

協力とチームワークがどう違うのかを意識させながら，みんなのために一人一人が役割を果たし合うという視点で生活を見直す活動である。お互いの苦手なところを補い合ったり，どのように分担したらスムーズに進むかを考えたりすることで，漠然と協力すればよいという考えを見直すことにつなげたい。

A 自分自身

B 人との関わり

C 集団や社会との関わり

D 生命や自然、崇高なものとの関わり

第2章 4つの視点でできる！ 小・中学校定番教材の教材研究実践プラン

考え，議論するための工夫

・ペア（意見を出す）→全体（一つ一つの意見の長所短所を明らかにする）
　→個（自分の考えに合うものを選ぶ）の組み合わせで

　②の活動では，ペアで意見を出し合いそれらが全体での話し合いの材料と
なるようにする。そして，それらの意見について，一つ一つの長所，短所を
自由，チームワークなどのキーワードを使って全体で検討していく。最後に，
様々な意見の中で，自分だったらどうするかを選択させることで，話し合い
を自分の考えに生かすことのよさを意識させたい。

展開

過程	学　習　活　動	留　意　点　等
わかる	○「チーム」って何でしょうか。 ●教材を読む。 　イラストを黒板に提示し，ストーリーを確認する。 ●めあてを確認する。 　チームワークについて考えよう。 ①チームワークについてどう思いますか。 ・大切だと思う。 ㉖結果が出せればよいのではないですか。 ・チームがばらばらになってしまう。 ・監督がいる意味がないよ。	○生活の中にある様々な「チーム」を想定させておく。 ○二～三人を指名して，簡単にあらすじを話させる。 ○「チームワーク」という言葉を知っているか確認しておく。 ○星野君のチームを念頭に置いてチームワークについて考えさせていく。
つなぐ	②星野君はどうすればよかったのでしょうか。 ・指示に従ってバントする。	○なかなか答えが出せない状況も大事で

116

| | ・でも，打ちたいんだよ。どうしたらいいかな。
㉗指示に納得できなくても，従うべきでしょうか。
・自分で考えてっていうことも大切だよ。
・納得しなかったのがよくなかったんだ。
・もう一度監督に言えばよかった。 | あることを考えさせたい。
○星野君はどうすればよかったかを，現実に合わせて考えさせる。自由な発想で考えさせたい。 |
| 生かす | ③生活の中でのチームワークを探そう。そして，どのように関わったらよいかを書こう。
・委員会　話し合いのとき言わないで，後で文句言ってたけど，よくないね。 | ○児童の生活の中で，自分が大事だと思うチームを選んで考えさせていく。 |

5　視点4　評価を考える

観点 ＼ 尺度	わかる	つなぐ	生かす
生活の中でのチームワークを探し，どのように関わったらよいかを書く。	・協力する，力を合わせるという立場で関わり方を書いている。	・自分でできること，協力してできることを明確にしながら書いている。	・話し合い，思いを理解し合った上で仕事を分担し協力し合うことの大切さを書いている。

A　自分自身

B　人との関わり

C　集団や社会との関わり

D　生命や自然、崇高なものとの関わり

【中学校の教材研究実践プラン】

4 「クリームパン」

『道徳教育推進指導資料5（指導の手引き）』（文部科学省）
[勤労]

1 教材の概要

　主人公の新一は，将来ロックバンドで成功したいという願いを持っているが，父のパン屋を継がなければならないという気持ちもある。店を継がせたい父とは身なりや働き方が元でしばしばぶつかり合っている。ある日，常連客の長谷川さんが，亡くなったおじいさんの冥土の土産に持たせようとクリームパンを買いに来た。このことをきっかけに，新一は地道に仕事に打ち込み，だれかが喜んでくれることを喜びにしている父の生き方について考えるようになる。人に注目してもらえる派手な生活を夢見ていた新一だが，仕事への思いが変わっていく。

　仕事（[勤労]）に対する意識が，日常の役割や手伝いから職業へと変わっていく中学生にとって，夢に近い職業と生活の一部としての職業のどちらを選んだらよいかを考えるのに適した教材である。

2 視点1 道徳的価値を考える

含まれる価値について

　本教材が内包する道徳的価値としては，中心となる内容項目とする[勤労]のほか，A[個性の伸長]，[希望]及びB[思いやり]，C[社会参画]，[家族愛]，D[よりよく生きる喜び]と幅広いものとなる。

　職業を自分だけの問題として，やりたいことをやるものだと考えているレベルでは，「自分自身に関すること」の道徳的価値について都合のよいように

理解して生活しているのだが，職業を家族の中での役割や社会に果たす責任のような広がりの中で考えられるようになると，道徳的価値の間に矛盾が起きないよう考える必要が生ずる。主人公の新一はまさにそういう状況にあると言ってよい。そして，そのようなことに対して自分なりに答えを出せるとき，［勤労］が［よりよく生きる喜び］を生み出し始めるのではないだろうか。

道徳的価値どうしの関係

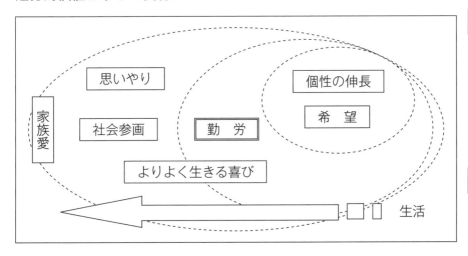

実践に向けてのポイント

　図に示したのは，新一の世界が［勤労］を中心として自分だけの世界から家族へ，社会へと広がっていく様子を表したものである。はじめは自分がやりたいこと，夢のために仕事はあるのだと思っていた新一である。しかし，長谷川さんの話を聞き，父のしている仕事が人を幸せな思いにすることのできる素晴らしい仕事であることに気づき，次第に職業観を変えていく。

　もちろん仕事は人の役に立つためばかりではなく，自分の生きがい，生活のためのものでもあるが，それらの先に，［よりよく生きる喜び］があることにも気づかせたい。

3 視点2 本音と建前を考える

建前

・人や社会の役に立ちたい。だから，そういう仕事をしたい。

・父親の人生と新一の人生は違う。新一らしく生きればいい。

㊫どういう職業を目指したらいいんだろう？

・安定した仕事に就いた方がいいんじゃないかな。

・地味に生きるより派手に生きた方が面白いし，かっこいい。ロックバンドでいいと思うけど。

・なりたい職業に就ける人なんてほとんどいないんだから，そんな夢見ててもダメだと思う。

本音

本音と建前を生かすポイント

　生徒は職業についてどのように考えているだろうか。自分が将来どういう職業に就くかについて，自分の夢の実現の一つの形として捉えているのか，見栄えのよさを考えているのか，なりやすさ，実現しやすさなのか，また経済的な面を重視して考えているのか。おそらく，これらが入り交じった複雑な思いでいるのだろう。そういう意味では，新一の悩みはそれらのほとんどの要素を併せ持っていて，生徒の悩みや迷いとも重なっていく。

　そこで，新一の心境の変化を参考にして，分岐点である，「ではいったいどういう職業を目指したらよいのか」ということについて考えることで，自分の将来について正面から向き合って考えるチャンスになるのではないかと考える。教師，大人の立場から言えば，中学生という年代は，夢としてのなりたい職業を諦めるには早過ぎると考えるだろう。夢は叶うものという思いを持って，なりたい職業を実現するために努力してほしいと思う。そういう大人を代表しての思いも伝えられたらと考える。

4 視点3 課題と授業展開を考える

目標

　どのように将来の職業を決めていくか把握できていない生徒が，父の跡を継いでパン屋になろうと考えるようになったことについて各自が評価をすることにより，自分なりに職業に求めるものを考えるようになる。

課題（発問・指示）と意図

①新一がパン屋になることを真剣に考え始めたのは，なぜでしょう。

　父のしているパン屋をつまらない仕事と捉えていた新一が，長谷川さんの話を聞き，見直したということはどの生徒も考えているだろう。そこで，「どういう魅力に惹かれたのか」を問うことで，パン屋になろうと思ったのか，父の跡を継ごうと思ったのかというところまで考えさせる。

②父親の跡を継いでパン屋になろうと決めた新一をどう思いますか。

　主人公の言動を評価することで，価値について深く考え，主人公とつながり，自分の立ち位置を決めることになる。この問いは，「どういう職業を目指したらいいんだろう」ということを追究することにもつながる。まず，自分の考えを書かせることで，立場をはっきりさせた後，異なる意見を持つ者同士で意見交流する。

③やってみたい職業について，自分の将来の姿の一部として書きましょう。

　中学生としての，やや現実味のある職業観を書く活動として設定する。「自分の生活の一部」とすることで，現実をふまえた夢として考えさせたい。

考え，議論するための工夫

・まず考えを書くことで立場をはっきりさせる

　パン屋を選んだ方がいいかロックバンドを選んだ方がいいかを選ぶことで，自分の考えを整理することにつながり，後の話し合いに積極的に臨めるようになる。

第2章　4つの視点でできる！　小・中学校定番教材の教材研究実践プラン

A 自分自身

B 人との関わり

C 集団や社会との関わり

D 生命や自然，崇高なものとの関わり

・意見が異なる者同士でのフリー・ディスカッション

　一斉学習の中では例えＡかＢかという意見の違いがあっても発言できない生徒も多い。そこで，一対一の気軽な場をつくることで話し合いを活性化させる。

展開

過程	学 習 活 動	留 意 点 等
	●やってみたい仕事があるかを，軽く投げかける。	○「みんなはなりたい職業はある？」というくらいの気軽さで問い，答える生徒があれば二，三取り上げる。
	●教材を読む。 　話の展開を数人に話させる。	
	●めあての確認をする。	○本時のめあては，大筋だけを示すものとする。
	職業について考えよう。	
わかる	①新一がパン屋になることを真剣に考え始めたのは，なぜでしょう。 ・おじいさんの話を聞いたから。 ・父のつくるパンのすごさがわかったから。 ・地味でも人の役に立つことがわかったから。	○パン屋に惹かれたのか，父の跡を継ごうと思ったのかを考えることで，新一の心境の変化をつかませる。
つなぐ	②父親の跡を継いでパン屋になろうと決めた新一をどう思いますか。 ・いいと思う。長谷川さんの話を聞いて，父の働くことの意味がよく分かったから。 ・ロックを選ぶべき。働くことの素晴らしさ	○まず，自分の考えを書かせることで，立場をはっきりさせる。その後，異なる意見を持つ者同士で

| 生かす | が分かったのだから，それをロックに生かせばよいと思う。
③やってみたい職業について自分の将来の姿の一部として書きましょう。
・病気で苦しんでいる人が多いので，看護師になって病気の人を支えたい。
・電車が好きなので，たくさんの人の夢を運ぶ電車の運転士になりたい。 | 意見交流し，多様な考えに触れさせる。
○将来の職業を現段階では，夢でもあり現実でもあるという若干の曖昧さを残したものとして考えさせることで，自由な発想をさせたい。 |

5　視点4　評価を考える

観点　　尺度	わかる	つなぐ	生かす
跡を継いでパン屋になろうと決めた新一をどう思うかを書く。	・自分の価値観で評価して書いている。	・社会的な役割と職業を関連づけながら書いている。	
やってみたい職業について自分の将来の姿の一部として書く。	・自分の夢としての職業について書いている。	・その職業に就くことで，どういう社会貢献ができるかを書いている。	・自分の特性やその職業でできる社会貢献をふまえて書いている。

A　自分自身

B　人との関わり

C　集団や社会との関わり

D　生命や自然、崇高なものとの関わり

D 主として生命や自然，崇高なものとの関わりに関すること

　小学校，中学校共に，［生命の尊さ］［自然愛護］［感動，畏敬の念］［よりよく生きる喜び］によって構成されている。ただし，小学校低・中学年では，発達段階を考え［よりよく生きる喜び］は設定されていない。

　これらの道徳的価値は，「尊さ」や「素晴らしさ」，「偉大さ」，「気高いもの」，「感動」，「畏敬の念」といった手の届きにくいもの，人智を越えたものが設定されている。

　［生命の尊さ］と［自然愛護］については，命を大事にする，自然を大事にするということで理解しやすいが，実際に行動に移そうとすると矛盾という壁にぶつかることになる。例えば，［生命の尊さ］では，中学年の内容項目に「生命あるものを大切にすること」とあるように，人間以外の生き物の生命についても人間同様に大切にすることを求めている。しかし，私たちは日常生活において知らないうちに無益な殺生をすることもあるし，自分たちに不利益な生き物については躊躇なく命を奪っているのが現実である。［自然愛護］についても，地球温暖化だと言いながら，強力な手だてを打ち出すことができないまま，状況は少しずつ悪化しているように見える。私たち人間が安穏と生き，暮らしていることの裏返しとして，生命を奪い，自然を破壊しているのである。言うのはたやすいが，実行するのは難しい道徳的価値である。

　［感動，畏敬の念］については，私は「教えようとしても教えられない内容」である言っている。「これは素晴らしいから［感動］しなさい」と言っても，あるいは暗に勧めても［感動］させることはできない。［畏敬の念］も同様である。大自然の中に神が宿ると考えてきた日本人にとって，自然の美しさや脅威についてはある程度受け入れられるが，キリスト教やイスラム教などを信仰する人たちの「敬虔」な生き方については，なかなか理解することは難しい。頭で理解するだけでは理解したことにならず，心から理解す

ることは経験がない者には難しいのである。

　このように，Ｄの視点に配置されている道徳的価値について，実践化することは大人でも難しい。実践を想定すると，授業までおかしいものになってしまう可能性があるので，道徳的価値と自分の関わりについてじっくり考えることで十分であると考える。Ｄの視点の道徳的価値を，「ねばならない」ことと「ありたい」ことの座標軸によって整理すると次のようになる。

　（人間の）［生命の尊さ］については，「ねばならない」であることは確実であるが，その他の道徳的価値については「ありたい」に近いものが多いと考える。先にも述べたように，強制して実践化させることが不可能なものであるからだ。［よりよく生きる喜び］についても，「弱さや醜さを克服する強さ」によって生きることに喜びを見出すのであるから，人間としては理想の域に達しているものであり，一生をかけて達成すべきものである。

　道徳科の授業において，指導したことが反映されやすいのは「ねばならない」に近いものであり，「ありたい」ことは指導が反映されにくい。この視点は，「自分」や「人」，「集団や社会」といった具体的な対象への働きかけによらないものが多く，むしろＡ，Ｂ，Ｃの視点で育ったものが統合されて，この視点に生きていくと考えた方がよいかもしれない。そのくらい難しいものであることを意識し，肩の力を抜いて授業に臨みたい。

【小学校低学年（２年）の教材研究実践プラン】

1 「弟のたんじょう」

『かがやけみらい　小学校道徳２年』（学校図書）
［生命の尊さ］

1 教材の概要

「ぼく」（えいた）の母親は，近々赤ちゃん（弟）を産むことで神経質になっていて，最近「ぼく」に対して口うるさく注意することが多い。それにより，「ぼく」は自分より生まれてくる弟の方が大事なんだと思うようになる。しかし，父親から「ぼく」がおなかにいるときも，今と同じようにおなかの赤ちゃん（「ぼく」）を大切にしていたことを聞くと心が温かくなり，赤ちゃんの誕生を心からうれしく思えるようになる，という内容である。

弟や妹，つまり新しく生まれてくる命に子供が嫉妬することはよくあることである。これまで一番大切な存在として大事にされてきた自分以上に，大事な存在が現れると思ってしまうからだ。だが，そのことは自然な成り行きだとも考えられる。だから，一概に否定してはいけないし，その子自身の幸せのためにも，そういう思いは何としても自分で取り除くことができるようにしてやりたい。

2 視点1 道徳的価値を考える

含まれる価値について

この教材が内包する道徳的価値としては，中心となる内容項目である［生命の尊さ］のほか，C［家族愛］やB［思いやり］が挙げられる。

生まれてくる命に対して，２年生の児童と同年代と推測される「ぼく」が［生命の尊さ］の思いを抱くようになる話ではあるが，前提として全くそう

は思えない「ぼく」がいる。その変化を起こしたものは一体何だったのかをしっかりと押さえておくことが、この教材から［生命の尊さ］を引き出すポイントとなるだろう。

道徳的価値どうしの関係

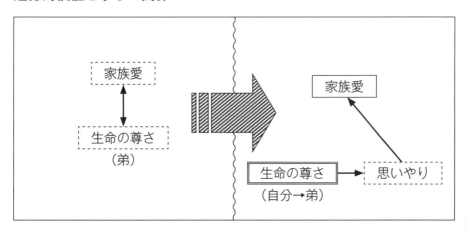

実践に向けてのポイント

　生まれてくる弟に対して［生命の尊さ］を感じることができない「ぼく」は，自分が大事にされていないと感じ［家族愛］にも疑問を抱いていた。この状況から［生命の尊さ］や［思いやり］，［家族愛］に満ちあふれた幸せな家族に変わっていった源は，やはり［生命の尊さ］を「ぼく」が感じることができたことである。

　ただし，「ぼく」が弟の命や誕生に対して［生命の尊さ］をすぐに感じるようになったのではなく，その対象はまず「ぼく」自身なのである。自分自身が大切な存在であることを知り，それと同じように生まれてくる弟の命もたった一つのかけがえのない命であることを知るのである。そう考えると，［生命の尊さ］という概念は本来絶対的なものではあるが，絶対的なものとして捉える前段階として，相対的に捉えさせることが必要となるのである。

3 　視点2 　本音と建前を考える

建前

・弟や妹の代わりはいない。大切だ。

・しっかりと面倒見てあげないと。

・お兄ちゃんらしくしたい。

分すごくかわいいけど，なぜかわいいんだろう？

・なかよしのときはすごく楽しいよ。

・一人っ子だからよくわからないな。

・自分はお兄ちゃんは嫌だ。弟だったらよかったのに。

・弟がいても楽しくない。いない方がよかった。

本音

本音と建前を生かすポイント

　「ぼく」にとって弟が大切な存在であるということは，理解することはできるだろうが，それを実感を持って自分のものとして捉えることはそう簡単なことではない。幼さゆえわがまま放題する弟や妹につい手荒なことをして泣かせてしまい，お兄ちゃんなのにと言われたり，今までは自分が最もかわいがられていたのにその座を弟や妹に奪われてしまったりした児童にとっては，そう思えなくても不思議ではない。

　しかし，常にそう思うのではなく，かわいい，大事だと思うことも多いだろう。では，なぜかわいいと思うのか，思えるのかを考えることで，自分自身を振り返り見つめることにつなげていく。また，お兄ちゃん，お姉ちゃんだから弟や妹を大事にしなければと懸命に頑張っている児童にとっても，このことについて考えることは自分のしていることを価値づけることにつながる。そして，このことについて考えることが，様々な本音や建前で生きている児童にとっての分岐点として位置づけることができる。

4 視点3 課題と授業展開を考える

目標

生まれてくる弟の命の実感がない児童が，なぜかわいいと思えるのかを考えることにより，たった一人の弟であり，何ものにも代えがたい存在であることに気づいていく。

課題（発問・指示）と意図

①僕のことなんかどうでもいいと思っていたえいた君をどう思いますか。

自分は相手にされていないと思い込み傷ついていたえいたの気持ちを理解するための発問である。２年生の児童は，人物の気持ちを理解することで人物に共感するようになるので，自然とえいたに共感し，寂しい気持ちを間接的に味わうようになる。そして，弟のことをかわいい，大事だと思ったときとのギャップが生じ，次の発問を考える基盤をつくることにもなる。

②なんで弟や妹のことをかわいいと思うのでしょう。

兄弟だからとか同じお父さんとお母さんだからとか，自分に似ているからとか，様々な表現の仕方で児童は言い表すだろう。そこには，大事に思う気持ちがあふれている。そこで，その根底にえいたも弟も大事な命という点でつながっていることでまとめていく。

③弟が生まれたえいた君に，お祝いや応援の一言を言ってあげましょう。

兄弟がいない児童も多いので，「これから弟や妹にどうしてあげたいですか？」などとは問えない。そこで，②の活動をふまえ，えいたに肯定的，積極的に生命の誕生を祝う言葉かけをすることで，［生命の尊さ］を自分なりに受け止める活動としたい。

考え，議論するための工夫

・落ち込んでいる主人公に共感的に寄り添うことを促す

本教材は，傷つき，落ち込んでいるえいたと弟の誕生を前向きに受け止め

第2章 4つの視点でできる！ 小・中学校定番教材の教材研究実践プラン **129**

喜んでいるえいたという2面の対比によって構成されている。まずは，前者について，しっかりと共感することにより，喜びの大きさを受け止めることにもつながり，［生命の尊さ］について考えることにつなげられると考える。
・えいたにお祝いや励ましの声かけをする
　教材で考えたことを児童に返す段階ではあるが，どの児童にも弟や妹がいるというわけではないので，現実に返すことはしにくい。そこで，自分だったらどうするという思いを持ち，それをえいたへの言葉かけという形で表現できるようになる活動を考えた。この活動で児童は，えいたと共に弟の誕生を喜び，その命がどれほど大切なものかをえいたに伝えようとするだろう。その気持ちをそれぞれの様々な言葉で表現させたい。

展開

過程	学　習　活　動	留　意　点　等
	○弟や妹のいる人？　兄弟がいてどう思いますか？ ●教材を読む。 　黒板に掲示したイラストを見ながら，内容や簡単な心情を把握する。 ●めあてを確認する。 弟が生まれたらどんな気持ちか考えよう。	○本時の方向づけをするためのきっかけづくりをする。軽く受け止める。 ○はじめにペアであらすじを話す⇔聞く活動をし，さらに全体で確認する。
わかる	①ぼくのことなんかどうでもいいと思っていたえいた君のことをどう思いますか。 ・ぼくも同じように思ったことがある。 ・かわいそう。	○えいたの悩みを共有することで，それを乗り越えることができたときの喜びの

		大きさにつなげたい。
つなぐ	・そんなことないのにな。 ②なんで弟や妹のことをかわいいって思うのでしょう。 ・なぜかわからないけどかわいいんだよ。 ・兄弟だから。 ・血がつながってるから。	○弟のことを大切に思う気持ちを一人一人の言葉で表現させることで，命の大切さ，代わりのないことに気づかせていく。
（生かす）	③弟が生まれたえいた君に，お祝いや応援の一言を言ってあげましょう（書きましょう）。 ・おめでとう，よかったね。弟を大切にしてあげてね。 ・弟はとてもかわいいよ。大事にしてね。 ・お母さんには二人とも大事なんだよ。	○イラストを使いえいたへのメッセージとして書きやすい形にしたワークシートを用意する。書き終えたら，発表する。

5 視点4 評価を考える

観点 ＼ 尺度	わかる	つなぐ	生かす
弟が生まれたえいた君に，応援の一言を書く。	・生まれた弟を大切にするような言葉かけをしている。	・生まれた弟の大切さを唯一無二の存在と捉え，言葉かけをしている。	

A　自分自身

B　人との関わり

C　集団や社会との関わり

D　生命や自然、崇高なものとの関わり

第2章　4つの視点でできる！　小・中学校定番教材の教材研究実践プラン　131

【小学校中学年（3年）の教材研究実践プラン】

2 「ハチドリのひとしずく」

『みんなのどうとく3年』（学研）

[自然愛護]

1 教材の概要

　本教材は，「南アメリカの先住民に伝わる話」として紹介されている。森が燃え始め，生き物が我先にと逃げていく中，ハチドリのクリキンディだけがくちばしで汲んでこられる一滴の水を何度も何度も運んでいる。他の動物たちは「そんなことをしていったい何になるんだ」と言って笑っていたが，クリキンディは，「わたしにできることをしているだけ」と言って運び続けた，という内容である。

　簡単なあらすじとほんの少しの台詞だけで構成されている短い教材だが，それゆえにわたしたちに訴えることがストレートに伝わってくるのかもしれない。ハチドリの一滴では森の生き物が言うように，何の役にも立たないのかもしれない。しかし，その一滴がなければ始まらない。なぜ，先住民たちはこの物語を語り継いできたのか。その意味も含め，児童に考えさせたい。

2 　視点1　道徳的価値を考える

含まれる価値について

　本教材が内包する道徳的価値としては，中心となる内容項目である［自然愛護］のほか，B［思いやり］や［感謝］，C［公共の精神］，A［自律，自由と責任］，［努力と強い意志］及びD［感動，畏敬の念］であると考える。

　［自律］などの「A　自分自身に関すること」と［思いやり］などの「B　人との関わりに関すること」，「C　集団や社会との関わりに関すること」と

関わる［公共の精神］といった幅広い道徳的価値との関わりがある。先に述べたとおり，Ｄの視点に位置づけられている道徳的価値は，様々な道徳的価値を統合する形で成り立っていることがこの教材からも見て取れるだろう。

道徳的価値どうしの関係

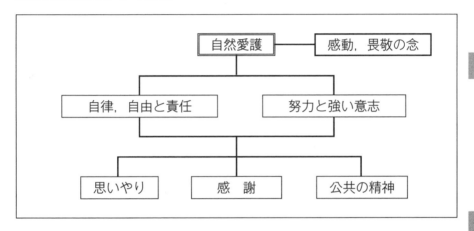

実践に向けてのポイント

　クリキンディはなぜ一滴の水を運び続けたのか，ということが当然ながら児童に考えさせたいことになる。言い換えれば，彼の行動を支えた思い，道徳的価値は何だったかということである。それは，図に示したとおり，［自律，自由と責任］や［努力と強い意志］が行動を支えるものにはなっているが，行動を起こすためには，自然自体や他の生き物への［思いやり］や［感謝］，また周りの者たちの役に立ちたいという［公共の精神］が重要になってくる。

　つまり，彼の行動を起こさせたのはＢやＣの視点の道徳的価値であり，それを続けさせたのはＡの視点であると言えるだろう。そして，そこに実ったのが，Ｄの視点の［自然愛護］であり，私たちが感じる［感動，畏敬の念］であると整理することができる。

3 　視点2 　本音と建前を考える

建前

・自分たちも自然の一部（一員）。だから，できることをしたい。

・無駄と思っても続けることが大切。続ければきっとできる。

・自然は守らなければならない。だけど，何をすればいいの。

〜〜〜〜〜〜〜〜〜〜〜〜〜〜〜〜〜〜〜〜〜〜〜〜〜

㊗消えそうもないのに何でハチドリは頑張ったのだろう？

・ほかの動物たちはひどいな。なぜ手伝わなかったのだろう。

・ハチドリだけがするのならしなくてもよい。

・火は消えないのに。ムダな努力だ。

本音

本音と建前を生かすポイント

　児童が抱いている建前と本音とこの教材との関係を考えてみると，そもそもハチドリの行動を理解できるかできないか，肯定的に見るか否定的に見るかというところで大きく二つに分けられる。

　否定的に見る本音のグループについては，ハチドリの行動自体を理解できないと考えている。それっぽっちの水で消えることはないのだから，ムダだという考え方である。合理的に考えればそのとおりなのだが，それでは奇跡は起こらない。ムダとも思える直向きな努力の先に私たちが求めるものはきっとあるし，たどり着けるのだという思いを持ってもらいたい。一方，建前（理想値）に近い児童の考えについては，自然との向き合い方をどうしたらよいかというレベルにあるものである。自分にできるのかと思うタイプ，とにかくやってみるしかないというタイプ，必ずできると信じて突き進むタイプとこちらも様々な考え方がある。

　このような両者が同じ場で考えを交えることができるのは，分岐点である，なぜハチドリは頑張ることができたのかということである。

4 視点3 課題と授業展開を考える

目標

　クリキンディがなぜ一滴の水を運び続けたかを捉えきれない児童が，なぜこの話を南アメリカの先住民が語り継いできたかを考えることにより，クリキンディの考えていたことに気づくようになる。

課題（発問・指示）と意図

①クリキンディは，誰のために水を運んだのでしょう。

　この問いに対する捉えは，この教材に関する道徳的価値を考えるための基になるものである。「自分のため」としか捉えられなければ，［自然愛護］はもとより［思いやり］も「感謝」も見出すことはできないし，［努力と強い意志］についても虚しさを感じてしまう。「森に住む仲間のため」であれば，［思いやり］や［感謝］，［努力と強い意志］については見出せるが，［自然愛護］は厳しいだろう。「自分のため」でもあり，「仲間のため」でもあり，そして，自分たちを支え守ってきてくれた「森のため」であることに気づくことが，考え，議論するための出発点となる。

②南アメリカの先住民の人たちは，なぜこのお話を語り伝えてきたのでしょう。

　クリキンディだけに視点を置くと，児童の考えが［思いやり］や［公共の精神］に集中することになる。［自然愛護］について焦点化していくためにも，ここで先住民たちの森への思いを考えさせておきたい。①の問いと関連づけることで，次第に自分の考えを構築することにつながる。

③あなたにとって自然や地球は大切なものですか。大切なところはどんなところですか。考えを書きましょう。

　「あなたはどうしたいですか？」や「できることは何ですか？」では，限られた，わかりきった答えしか返ってこないと予想される。そこで，自分と自然のつながりに目を向けさせ，自分のスタンスを認識し，他の児童と考え

第2章　4つの視点でできる！　小・中学校定番教材の教材研究実践プラン　135

を共有し合うことで各自の［自然愛護］についての考え方に対しての働きか
けとする。

考え，議論するための工夫

・自分にとっての意味を考えさせる

「あなたにとって」と問うことで，自分の考え方を整理しまとめることに
もなり，また教材の主人公と自分の違いを考えることにもつながる。それぞ
れの考えを，次々と代えるペアの相手と共有させていくことで，自分と他者
との違いを認識できるような活動として設定する。

・「なぜしたか」ではなく，「誰のためにしたか」と問う

なるべく建前（理想値）を出させたくないときには，発問の仕方を変える
必要がある。ここでは，「誰のためにしたか」と問うことで，建前以外の考
え方が積極的に出され，出された意見を統合することを促すことができる。

展開

過程	学 習 活 動	留 意 点 等
わかる	●教材を提示し，わかること，感じたことを話し合う。 ●めあての確認をする。 クリキンディはなぜ水を運んだのかを考えよう。 ①クリキンディは，誰のために水を運んだのでしょう。 ・自分。自分の住むところを守るため。 ・森に住む仲間のため。	○素直な印象を出し合い，他者の気づきを大事にする。 ○本時の学びを見通すためのめあてである。 ○めあてについて考える活動になる。自分，仲間，森（自然）が出されたら，

136

つなぐ	・お世話になっている森を守りたい。 ②南アメリカの先住民の人たちは，なぜこのお話を語り伝えてきたのでしょう。 ・自分たちも森を守らないといけない。 ・クリキンディに感謝しよう。 ・少しのことが大切だと教えたい。	どれが大きいかを考えさせる。 ○クリキンディにとっての自然と先住民にとっての自然の意味が同じであり，生き物全てにとっての自然の大切さについて考える時間としたい。
生かす	③あなたにとって自然や地球は大切なものですか。大切なところはどんなところですか。考えを書きましょう。 ・木や水がないと生きていけない。 ・自分たちも自然の中に入っているから，自然を壊すと自分たちを壊すことになる。	○大切なところがいくつもあれば書くように促す。書けたら，いろいろな子と共有し合い，それぞれの考え方のよさを感じ合う。

5 視点4 評価を考える

観点 ＼ 尺度	わかる	つなぐ	生かす
自分にとって自然や地球は大切かを考え，大切なところを書く。	・日常の中で自分にとって役立っている点について書いている。	・自然が私たちにとってかけがえのないものであるという視点で書いている。	・大切なものだが大切にしていないという矛盾している状況をふまえながら書いている。

第2章　4つの視点でできる！　小・中学校定番教材の教材研究実践プラン　137

【小学校高学年（6年）の教材研究実践プラン】

3 「青の洞門」

『新しい道徳6』（東京書籍）ほか
[感動，畏敬の念]

1 教材の概要

　了海は，元侍で主人殺しの罪を犯すなど悪事を重ねたが，良心の呵責にさいなまれ，出家した身だった。豊前の国の山国川の難所を通りかかったとき，そこで多くの人が崖から落ちて亡くなっていることを知り，洞門を掘って人の役に立つことで罪を償おうと考えた。それから20年近くの間，了海は岩を掘り続けていたが，ある日，殺された父の仇を討とうと探し続けていた実之助がついに了海を見つけ出す。すぐにも討とうとする実之助だが，石工たちが，洞門が完成するまで待ってくれと懇願すると，実之助も受け入れ一刻も早く仇を討つことができるよう洞門づくりの手伝いをする。そして，一年半後，いよいよ洞門が完成したとき，そこには，感動で涙を流す実之助がいた，という内容である。

2 視点1 道徳的価値を考える

含まれる価値について

　本教材が内包する道徳的価値としては，中心となる内容項目である［感動］のほか，A［努力と強い意志］や［自律］，［誠実］，C［公共の精神］，D［よりよく生きる喜び］がある。

　［感動］があれば［畏敬の念］と一緒であってもよいと思うだろうが，了海の行動はあくまでも罪の償いとしてのものである。結果的には，［感動］を超えるものがあるのだが，一線を引いておくべきと考える。

道徳的価値どうしの関係

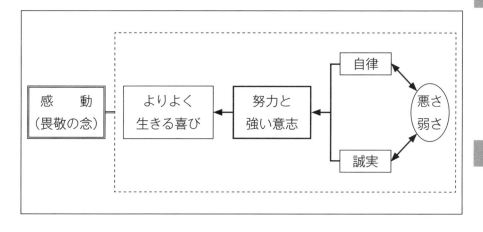

実践に向けてのポイント

　悪事の限りを尽くした了海のスタートは，「悪さ」や「弱さ」だったが，そういう自分に嫌気がさし，[自律]的に，[誠実]に生きようと出家し，洞門掘りを始める。その気持ちを支えたのが[努力と強い意志]である。いくら心を入れ替えても強い意志を持って努力することができなければ事は成し遂げられない。そして，その先に了海自身が得ることができたのが，[よりよく生きる喜び]であったと考えられる。[よりよく生きる喜び]は，了海を見る限り，楽しさやうれしさのような感情表現として表されるものだけでなく，むしろ達成感や自己肯定感に通じるものであるということを児童に気づかせることもできるだろう。

　大罪を犯した了海に，私たちが感動するのは，更正し，自分を棄て，人のために一心不乱に洞門を掘り続ける姿を思い浮かべるからである。そして，そこには弱さや醜さを自ら超えたところに見出すことができるよりよく生きようとする姿があるからである。児童にとって押しつけにならないよう，他者のよりよく生きようとしている存在の素晴らしさに素直に感動できるような授業にしたい。

3 視点2 本音と建前を考える

建前

・了海は悪人だったが，改心した。人間は，本当はまじめに生きることができるんだ。

・自分がしたことを償おうと，20年以上も頑張るのはすごい。
⑰**実之助はなぜ仇を討つことをやめてしまったのだろう？**
・実之助は本当に仇を討たなくてよいのか。
・元はといえば了海が悪いのだから，討てばよい。
・そんなに悪い人が，簡単に変われるとは思えない。

本音

本音と建前を生かすポイント

　親の仇を討とうとしていた実之助は，結局仇を討つことをやめてしまったように本文には書かれている。しかし，児童にとって，洞門を掘り続け，完成させたということは確かにすごいことだが，親の仇を取ることをやめてしまうほど感動することなのかという思いが少なからずあると思われる。20年以上も掘り続けるとかそのために体が骨と皮だけになったり目も見えなくなってきていたりといったことが実感として伝わってこなければ，児童が実之助の心境にはなかなかなりきることができないのである。

　もちろん，了海の行動は感動的だ，素晴らしいと感じる児童もいるだろうし，逆に，了海の犯してきた罪の数々は償っても償いきれるものではないから，いくら洞門を完成させても意味がないと考える児童もいるだろう。それら肯定的，否定的に受け止めている児童たちに，本教材の分岐点と考えられる「実之助はなぜ仇を討つことをやめてしまったのだろう」という発問を投げかけることで，了海の行動と思いを重ね合わせ，実之助の感動に少しでも共感できればと考える。

140

4 視点3 課題と授業展開を考える

目標

　了海の行動について，プラス面，マイナス面の両方があり，価値をつけにくいと思っている児童が，了海，実之助，石工の三者からの思いについて考えることで，了海の行動について自分なりに評価できるようになる。

課題（発問・指示）と意図

①なぜ了海は，そこまでして洞門を完成させようとしたのでしょう。

　まず，了海の思いに迫る。罪を償おうとする気持ちや，人の役に立てる喜びなど多面的に捉えさせたい。

②石工は，なぜ実之助に完成するまで待ってくれと言ったのでしょう。

　次に，石工の了海に対する思いを想像することで，他者の了海への評価がどういうものだったかを考えることにつなげる。

③実之助はなぜ仇を討つことをやめてしまったのでしょう。

　実之助の感動を児童が共感的に受け止め，感動の疑似体験をすることにより，よりよく生きようと懸命に努力する人の姿が感動を呼ぶものであることに気づいていく。

④みなさんは，了海のことをどう思いますか。自分だったら，完成した後で了海を討つかどうかを考えながら書きましょう。

　了海は生まれ変わったという視点と了海の行動は素晴らしいが罪は消えないという視点のどちらも認めながら進める。了海の，犯した罪への悔恨の気持ちと洞門掘りへの情熱を関わらせて考えをまとめさせたい。

考え，議論するための工夫

・三者の立場から一つの事象を考える

　了海，石工，実之助の三者の立場から洞門づくりと仇討ちについて考えることで，了海の行動について多角的に捉えることができるだろう。そのこと

第2章　4つの視点でできる！　小・中学校定番教材の教材研究実践プラン　　**141**

により自分なりに了海の行動に対する評価をすることにつながり，実之助の感動についても共感的に捉える児童も出てくるのではないかと考える。
・「自分だったら討つか」という条件をつけることで，心に波紋を広げる
　実之助は結局，仇を討つことをやめてしまったのだが，自分だったらどうするかを考えさせることで，それまでは頭で考えていたものを，心でどのように受け止めるかを児童一人一人に委ねていく。

展開

過程	学　習　活　動	留　意　点　等
わかる	●教材を読む。 　黒板に掲示した挿絵を使ってあらすじを確認する。 　簡単に感想を聞く。 ●めあてを確認する。 了海の思いを考えよう。 ①なぜ了海は，そこまでして洞門を完成させようとしたのでしょう。 ・罪を償うため。 ・人を救う洞門をつくってこれまでしたことを反省したい。 ・人の役に立つことをしてみたい。 ②石工は，なぜ実之助に完成するまで待ってくれと言ったのでしょう。 ・了海に完成した洞門を見せたかった。	○児童の関心が了海に向いているのか，実之助に向いているのかを確認する。 ○ペアでの話し合いにより，客観的な考えを引き出す。 ○同じような意見が多いと思われるので，それぞれの言葉で多様に表現できるようにする。 ○ペアでの話し合いにより，客観的な考えを引き出す。

142

	・了海に仕上げをさせてあげたかった。	○第三者の立場からの見方を捉えさせる。
つなぐ	③実之助はなぜ仇を討つことをやめてしまったのでしょう。 ・了海はもう悪人ではないと思った。 ・十分罪は償ったから。 ・むしろ，すごい人だと思った。	○実之助の感動に共感を促す発問である。長年追っていたこと，少しでも早く完成させて討とうと思っていたことなどを強調した上で考えさせる。
（生かす）	④みなさんは，了海のことをどう思いますか。自分だったら，完成した後で了海を討つかどうかを考えながら書きましょう。	○仇討ちをしてもしなくても，どちらの立場でもよいことを伝える。どちらかを考えた上で，了海について評価させたい。

5 　視点4 　評価を考える

観点　　尺度	わかる	つなぐ	生かす
了海のことをどう思うかを，自分だったら了海を討つかどうかを考えながら書く。	・したことは悪いが十分罪を償った／素晴らしい行動だが罪は消えないという思いを書いている。	・了海の内面がどう変わったかを捉え，了海の評価を書いている。	・自分と関連づけ，了海の内面の変化を基に了海を評価して書いている。

第2章　4つの視点でできる！　小・中学校定番教材の教材研究実践プラン　**143**

【中学校の教材研究実践プラン】

4 「二人の弟子」

『私たちの道徳　中学校』（文部科学省）
[よりよく生きる喜び]

1 教材の概要

　道信と智行の二人は仏門に入り，共に苦しい修行をしてきたが，あるとき道信は芸人の女性に恋をし出奔してしまう。その後，道信は女性に見捨てられたり悪事に手を染めたりしながら生きてきた。また，女房にも先立たれ生きる望みを失い，ついには死のうとまで思う。しかし，雪の中で一生懸命芽吹こうとしている蕗のとうを見て，もう一度生きていこうと考え直し，寺に戻り上人に再度弟子にしてほしいと願い出る。事の次第を聞いていた智行は，許すはずがないと思っていた上人が弟子入りを許したことに愕然とする。

　人生のやり直しはできるかと問われれば，おそらく誰もができると答えるだろう。しかし，同時に多くの人が，その言葉が裏づけのない希望的観測に満ちたものだということを承知している。道信の願いを叶えた上人の思いを考えることで，よりよく生きることについて迫ることができると考える。

2 視点1 道徳的価値を考える

含まれる価値について

　本時の中心的な内容項目である[よりよく生きる喜び]に関して，「自らの弱さや醜さ」を克服する様子についてはうまく表現されていると言える。

　ただし，三人の登場人物ごとに関係する道徳的価値が異なり，捉えにくいものとなっている。道信については，荒れた生活をしていた状況を脱し，仏門で人間らしさを取り戻そうと考えるようになったことで，A[希望と勇気，

144

克己と強い意志］が生じ，［よりよく生きる喜び］の獲得へと向かっている。智行については，当初はB［友情，信頼］で道心と結ばれていたが，道心の出奔などによりそれも消えてしまい，また上人の思いもよらない決断を理解できず受け入れられないでいるが，「池のほとりに咲く一輪の白百合」に気高さを感じており，道信のよりよく生きようとすることへの気づきの予兆が見られる。上人については，道信の生きようとする姿勢を見抜いてか，B［寛容］な態度で受け止めている。

道徳的価値どうしの関係

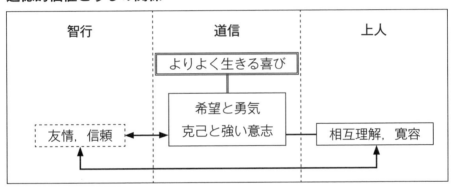

実践に向けてのポイント

　道信のよりよく生きようとする心について，蕗のとうの話などから十分に理解することは難しいと思われる。蕗のとうが雪の中で力強く芽吹いているような事実に生徒が感動を覚えることは，想像し難いからである。同じく，智行の言動，特に結末の場面での月に照らされた「池のほとりに咲く一輪の白百合」の「純白の輝き」への感動から，道信のよりよく生きようとする心に迫っていくのも難しいだろう。

　そこで，あくまでも道信のことを理解し，寛容な態度を貫き通した上人の言動から，人が心の弱さに打ち勝ち，よりよく生きようとすることの素晴らしさについて考えていきたい。

3 視点2 本音と建前を考える

建前

- （道信）人は変わることができる。それが生きている証拠。
- （上人）さすが上人様だ。人を育てる人はこうありたい。

- （道信）心を入れ替えてよかった。成長してるな。
- 分（上人）なぜ道信の弟子入りを許したのだろう？
- （智行）道信をよく思わない気持ちもよくわかる。
- （智行）心が狭いな。まだ修行が足りない。
- （道信）勝手に出て行ったのに甘えてる。

本音

本音と建前を生かすポイント

　道徳的価値が三人の人物ごとに散らばって存在しているのと同様に，本音，建前も三人それぞれに対するものとなっている。道信への思いは，建前に近く肯定的なものもあるが，同時に一度出奔したことを否定的に捉えているものもあるだろう。そんなに簡単に過去は消せないという思いゆえの理解の仕方によるものと考えられる。

　智行に対しての生徒の思いは，ほとんどが否定的な立場に立ってのものと考えられる。かたくなに道信を認めようとしない態度は，生徒にとってもネガティブに感じられるだろうからである。先にも述べたが，結末部分の道信への理解の兆しは，生徒にとっては難解で，本音，建前での思いには影響しないものと思われる。

　上人への生徒の思いは，概ね肯定的であると言えるだろう。道信の再度の弟子入りを認めている寛大な態度は，生徒にとっても好感を抱けるものと言える。ただし，分岐点である，なぜ上人が弟子入りを許したかについては曖昧な捉えのままであり，この点をはっきりさせることで，全容が見えてくる。

146

4 視点3 課題と授業展開を考える

目標

　道信への評価づけがなかなかできないでいる生徒が，上人はなぜ二度目の弟子入りを許したのかを考えることにより，よりよく生きようとして変わることの素晴らしさについて考えるようになる。

課題（発問・指示）と意図

①なぜ道信は，再び弟子入りをして修行しようと考えたのでしょう。

　全体として智行の視点からの出来事として描かれているので，道信本人からよりよく生きていきたいという思いを捉えていくことは難しい。そこで，本時は道信の思いについて考える方向性を示すことと，ざっくりと雰囲気をつかむためにこのことについて考える。

②上人はなぜ弟子入りを許したのでしょう。

　本教材で［よりよく生きる喜び］について考えるためのポイントは，道信が本気だということに気づくことである。上人にはそれがわかっていたから，弟子入りを許したのである。そこで，上人の思いがわかることが，道信の本気がわかることと考え，上人の思いについて考えさせておく。

③自分だったら，上人のように道信を許して再び弟子にすることができますか。考えを書きましょう。

　この問いは，「できる」でも「できない」でも上人の思いをふまえた上で考えを述べているのであれば，生徒の率直な考えを引き出せるものとなるだろう。なぜなら，この場合の「できる」，「できない」の決断が，生徒にとってぎりぎりの判断になるからであり，生徒の本音を引き出すからである。

考え，議論するための工夫

・上人の思いを通して道信について考えさせる

　先にも述べたが，道信の思いを書かれていることから捉えることは難しい。

第2章　4つの視点でできる！　小・中学校定番教材の教材研究実践プラン　147

そこで，②の，上人がなぜ弟子入りを許したのかを考えることを通して，上人が道信を一人の人間としてどのように見ているかを考え，道信の生きることへの一途さやよりよく生きようとする姿勢を感じ取ることにつなげる。

・ぎりぎりの選択を迫る発問を

　③では，上人のような決断ができるかどうかを問うことによって，生徒自身の価値観をメタ認知し，それをふまえた「できる」か「できない」か結論を提示する。当然ながら，この件についての正解というものは一つに絞ることはできないので，どちらになってもよい。ただし，それは生徒にとって楽な状況をつくっていることにならず，真剣に考えるとぎりぎりの判断に迫られることになる。そこに深い学びが生まれると考える。

展開

過程	学 習 活 動	留 意 点 等
わ か る	●教材を読む。 　黒板に掲示した挿絵を使い，ペアであらすじを確認し合う。 　簡単に感想を聞く。 ●めあてを確認する。 　二度目の弟子入りをしようとした道信の思いを考えよう。 ①なぜ道信は，再び弟子入りをして修行しようと考えたのでしょう。 ・人生をやり直したかったから。 ・いろいろなことを償おうと思ったから。 ・まじめに生きていきたくなったから。	○途中で交代しながら，リレー形式であらすじを確認する。 ○生徒にとって，距離感のあるテーマなので，ある程度テーマに焦点化しためあてを提示する。 ○ペアで話し合い，考えを出し合う。この段階では，ざっくりとした捉えでよいので，思ったことを

つなぐ	②上人はなぜ弟子入りを許したのでしょう。 ・道信の本気さが伝わってきたから。 ・弟子は一生弟子だから見捨てられない。 ・道信にとって今が大事なときだと思った。	出させておきたい。 ○生徒は，どちらかというと智行の思いの方が理解しやすいと思われるので，「それにもかかわらず，上人が許したのはなぜ？」という形で投げかける。
（生かす）	③自分だったら，上人のように道信を許して再び弟子にすることができますか。考えを書きましょう。 　|できる|　　　　|できない| ・道信が本気で変わりたいと思うなら手助けしたい。　　・道信の気持ちはわかるけど智行たちの気持ちも考える。	○どちらの立場を取ってもよいことを伝え，自由に考えを書かせる。 ○できる，できないに分けて発表させる。

5 　視点4　評価を考える

観点　　　尺度	わかる	つなぐ	生かす
自分だったら上人のように道信を許し再び弟子にすることができるかを書く。	・感じたことについてストレートに書いている。	・決断するに至るまでの自分の中の迷いについても触れて書いている。	・自分の迷いに加えて，変わることのできる素晴らしさに着眼して書いている。

第2章　4つの視点でできる！　小・中学校定番教材の教材研究実践プラン　149

おわりに

　教科教育学を研究する私にとっても，実際に教室で授業をする先生方にとっても，授業の出発点は教材研究であり，子供たちの存在だと思います。そうであれば，教師として子供たちへの責任を取るに値する授業をするためには，教師を専門職たらしめる教材研究の技術を身につけておくことが求められるのです。

　本書は，これまであまり意識されることのなかった道徳（道徳科）の教材研究の方法を提案しています。道徳科の授業は，もちろん心と心の関わりをつくっていくものなのですが，あらかじめ考えておけることは，しっかり準備しておかなければ行き当たりばったりで到達目標を達成できないものになってしまいます。そういう意味では，本書は道徳科を科学するものであると思いますし，実際にそうなってくれたら著者としてはうれしい限りです。

　本書を執筆している間に，大事な友人であり，先輩である長崎伸仁氏を亡くしました。二人とも国語科教育を専門としていましたが，私に道徳を研究するきっかけをつくってくれたのは長崎さんでした。教職大学院が創設されたときに，「憲さん，道徳の授業を担当してもらえない？」と言ってくれたことが道徳研究のスタートでした。国語が仕事で，道徳が趣味，そんな二足目のわらじを履かせてくれた，楽しめる場所をつくってくれた長崎さんに，遅きに失しましたが，感謝の気持ちを伝えつつ，長崎さんの冥福をお祈りします。

　最後になりましたが，私の唐突な申し出をいつも温かく受け止めて，適切な舵取りをし，形にしてくださる明治図書の木山麻衣子さんに心より感謝を申し上げます。

　2018年2月

石丸憲一

【著者紹介】
石丸　憲一（いしまる　けんいち）
兵庫教育大学大学院修了。静岡県公立小学校教諭として勤務の後，創価大学教育学部准教授等を経て創価大学大学院教職研究科教授。
専門分野　国語科教育学，道徳教育学
主な著書　『ルーブリック評価を取り入れた道徳科授業のアクティブラーニング』（明治図書），『表現力を鍛える文学の授業』（明治図書），『読解と表現をつなぐ文学・説明文の授業』（学事出版），『「新たな学び」を支える国語の授業　上』（三省堂）など。
求められれば，小学校や中学校で授業をさせていただき，楽しい時間を過ごしている。
MAIL：140ken @ gmail.com

道徳科授業サポートBOOKS
4つの視点でうまくいく！
考え，議論する道徳に変える教材研究の実践プラン

2018年3月初版第1刷刊　Ⓒ著　者　石　丸　憲　一
　　　　　　　　　　　発行者　藤　原　光　政
　　　　　　　　　　　発行所　明治図書出版株式会社
　　　　　　　　　　　　　　　http://www.meijitosho.co.jp
　　　　　　　　　　　（企画）木山麻衣子（校正）中野真実
　　　　　　　　　　　〒114-0023　東京都北区滝野川7-46-1
　　　　　　　　　　　振替00160-5-151318　電話03(5907)6702
　　　　　　　　　　　　　　　　ご注文窓口　電話03(5907)6668

＊検印省略　　　　　組版所　中　央　美　版

本書の無断コピーは，著作権・出版権にふれます。ご注意ください。

Printed in Japan　　　　ISBN978-4-18-220719-8
もれなくクーポンがもらえる！読者アンケートはこちらから　→

好評発売中！

アクティブ・ラーニング型道徳授業の指導と評価がわかる！

道徳科授業サポートBOOKS
ルーブリック評価を取り入れた道徳科授業のアクティブラーニング

石丸憲一 著
図書番号：2549／A5判　128頁／1,700円+税

「読む道徳」から「考え、議論する道徳」授業へアクティブラーニングの視点からの授業改善の方法を「わかる・つなぐ・生かす」という3段階のルーブリック評価とともに提案。小・中学校の内容項目ごとのルーブリックや定番教材の授業展開例、板書計画も紹介した1冊。

新学習指導要領のねらいを具体化するパーフェクトガイド

平成28年版
新学習指導要領の展開　特別の教科　道徳編

小学校
永田繁雄 編著
図書番号：2711／A5判　208頁／1,900円+税

中学校
柴原弘志 編著
図書番号：2731／A5判　208頁／1,900円+税

新学習指導要領の内容に沿いながら、教科書や評価といった道徳改訂のキーポイントについて詳しく解説。また、内容項目ごとの指導ポイントや問題解決的な学習を生かした新たな授業プランも掲載。最新情報満載で今後の道徳授業をつくる上で欠かせない1冊です。

明治図書　携帯・スマートフォンからは　**明治図書ONLINEへ**　書籍の検索、注文ができます。▶▶▶

http://www.meijitosho.co.jp　＊併記4桁の図書番号（英数字）でHP、携帯での検索・注文が簡単に行えます。

〒114-0023　東京都北区滝野川7-46-1　ご注文窓口　TEL 03-5907-6668　FAX 050-3156-2790

＊価格は全て本体価格表示です。